PAUL PATTÉ

HINTERLAND MOÏ

AVEC UNE INTRODUCTION DE M. LE GÉNÉRAL F. CANONGE

ET UNE LETTRE-PRÉFACE

DE M. LE Lt-COLONEL ADAM DE VILLIERS

Une carte et 26 illustrations

PARIS

LIBRAIRIE PLON

PLON-NOURRIT et Cie, IMPRIMEURS-ÉDITEURS

8, RUE GARANCIÈRE — 6^e

1906

HINTERLAND MOÏ

XÉ

LÊ-VĂN-CHAN

HAÏ

Maître queux de la mission

PAUL PATTÉ

HINTERLAND MOÏ

AVEC UNE INTRODUCTION DE M. LE GÉNÉRAL F. CANONGE

ET UNE LETTRE-PRÉFACE DE M. LE L¹-COLONEL ADAM DE VILLIERS

Une carte et 26 illustrations

PARIS

LIBRAIRIE PLON

PLON-NOURRIT ET Cⁱᵉ, IMPRIMEURS-ÉDITEURS

8, RUE GARANCIÈRE — 6ᵉ

1906

Tous droits réservés

INTRODUCTION

Mon cher Patté,

Vous avez aimablement insisté auprès de moi pour que je vous présente ici au public. Je tiens la précaution pour superflue, mais je me rends à votre désir.

Je n'ai pas eu l'honneur de servir la France au loin; en un mot, je ne suis pas un Colonial. Il est donc naturel que je laisse à un autre le soin de dire avec autorité ce que vous avez fait dans notre grande colonie asiatique.

J'appris, il y a une dizaine d'années, à vous connaître, en lisant le Soldat, ce journal dans lequel vous avez longtemps soutenu, avec enthousiasme et fermeté, le bon combat. A peine aidé matériellement, vous le fîtes durer en ne marchandant ni temps, ni patience, ni talent, ni argent enfin. Je me rappelle encore des pages enlevées, entraînantes où débordaient le patriotisme et l'amour de l'Armée, comme celles intitulées « Au Drapeau! » et « Le Devoir ».

Tout à coup germa dans votre cerveau l'idée féconde des Prolonges régimentaires : remédier à la brièveté du temps de service en entretenant chez le soldat libéré le culte du Drapeau, le sentiment des devoirs sacrés envers la Patrie.

en maintenant son instruction au niveau nécessaire pour être utile en campagne. Alors commença, par la plume, par la parole, une croisade vigoureuse à laquelle le colonel Villebois-Mareuil, de cordiale mémoire, ne tarda point à prêter le précieux appui de sa réputation, de son savoir et de son talent. Cette croisade, vous l'avez poursuivie en province, remuant les indolents, encourageant les vaillants et ceux qui ne demandent qu'à être éclairés; bref, sous votre chaude parole commune, se manifesta une véritable efflorescence et le but que vous vous étiez proposé fut atteint pratiquement.

C'est ainsi que, à Marseille, je vous serrai pour la première fois la main; je vous trouvai tel que je me l'étais figuré.

A Paris, de 1899 à 1901, je fus témoin des services rendus, sur un terrain particulièrement délicat, pour consolider et surtout pour étendre la Société de « la Plume et l'Epée ».

Puis, vous partîtes pour l'Indo-Chine où vous attendaient des épreuves de toute nature : épreuves physiques malheureusement inévitables, puisqu'elles sont inhérentes au climat; épreuves morales créées par la malignité, la jalousie des hommes.

Dans votre Relation que j'ai terminée à regret, je vous ai retrouvé tout entier. Certes, les instructions que vous reçûtes avant d'entrer dans l'Hinterland Moï étaient sages et humaines; toutefois, leur application pouvait être, à un certain moment, délicate : vous vous en êtes tiré à votre honneur.

Au début, du 28 janvier au 19 février 1904, c'est, comme vous l'avez dit vous-même, l'âge d'or se résumant dans le nom de Boek-Corre. Attirés, retenus, les Moïs ne sont pas seulement captivés par les largesses que vous pouviez alors vous permettre; ils subissent surtout les effets de votre charme personnel, de votre bonté : ces grands enfants vous rendent bientôt affection pour affection.

L'âge d'argent, auquel se rattache le nom de Dong-Bong-Tay, prend fin le 18 avril : les épreuves apparaissent, mais elles sont largement compensées par les résultats obtenus.

L'âge de fer, pendant lequel s'exécute la marche du Sé-Sé, est à peine commencé que votre cœur saigne. Pierre Baron, ce collaborateur si dévoué, qui était attaché à votre mission en qualité d'interprète (français-annamite), meurt, le 21 avril, empoisonné par suite d'une erreur. Vous avez dit, avec une émotion communicative, ce qu'il valait. Il ne vous restait plus donc que le fidèle sergent Féral.

Tout à coup, les moyens de transport vous font défaut et vous devez, bien à regret, contrairement à votre conviction profonde, chercher des porteurs parmi les Moïs et réquisitionner le riz strictement indispensable; d'ailleurs, les cadeaux sont épuisés.

Dès lors, le vide se fait peu à peu, au moment même où la forêt devient de plus en plus inextricable. Votre courage non plus que votre douceur ne se démontent pas un seul instant. Le chemin que, la hache et le coupe-coupe à la main, il faut se frayer, diminue chaque jour de longueur; les sangsues, les taons, deviennent de plus en plus agressifs; la faim se fait sentir : n'importe, vous continuez à avancer avec cette admirable petite troupe à laquelle vous avez communiqué l'ardeur et la confiance qui vous animent toujours. Cependant, privée des moyens d'action indispensables, votre reconnaissance ne saurait utilement se prolonger; elle prend fin le 21 juin 1904.

Vos lecteurs ne manqueront pas d'apprécier, comme l'ont fait vos chefs, les qualités de premier ordre que, pendant plus de quatre mois, vous avez mises au service d'une mission aventureuse.

Je suis heureux d'y applaudir et d'avoir une pareille occasion de vous renouveler l'assurance de mes sentiments affectueux et dévoués.

Paris, le 1er novembre 1905.

Général F. CANONGE.

PRÉFACE

PAR

LE Lᵗ-COLONEL J. ADAM DE VILLIERS

En me demandant de faire une préface à son livre sur « l'Hinterland moï », M. Paul Patté me met dans un cruel embarras.

Car je n'ai d'autre titre à cette preuve de confiance que notre vieille amitié qui date, hélas! de ces jours heureux où nous avions dix-huit ans.

C'était au lendemain de la guerre de 1870; nous prenions notre place dans cette armée encore toute frémissante de ses rudes épreuves, mais digne, laborieuse, attachée au relèvement de la patrie, dans l'espoir d'une revanche suprême.

Déjà, à ce moment-là, dans les heures vécues ensemble au régiment, Paul Patté montrait cette ardeur patriotique, cet amour du drapeau dont il a donné plus tard tant de preuves éclatantes, soit dans cette admirable organisation des Sociétés Régimentaires, dont il a été l'inspirateur et, on peut le dire hautement, l'ouvrier désintéressé, soit aussi dans ce raid épique au Yunnan, soit encore à Oubône, au milieu de toutes les intrigues siamoises et anglaises.

Aujourd'hui, il présente au public le récit d'une mission dans « l'Hinterland moï »; c'est ce vaste territoire, encore inconnu, qui s'étend au nord de la Cochinchine, entre le Cambodge, le Laos et l'Annam.

Ce pays est habité par des populations primitives, de mœurs douces, mais très jalouses de leur indépendance, très surexcitables et passant facilement de la confiance à l'hostilité; en somme, populations très dangereuses et avec lesquelles il faut agir avec une extrême prudence.

Paul Patté pénètre dans ces territoires non en conquérant avide de renommée, mais en explorateur avisé, ayant la profonde connaissance des moyens d'action qu'il faut employer vis-à-vis de ces populations si facilement agressives.

Agir par la douceur et la persuasion, étudier les mœurs de ces sauvages, vivre de leur vie, s'intéresser à toutes leurs coutumes, à toutes leurs superstitions, tels sont les moyens employés par Paul Patté, telle est la clef qui lui ouvre les portes de « l'Hinterland moï ».

Je suis trop vieux « colonial » pour ne pas sentir tout le prix de sa méthode.

Méthode hautement civilisatrice et humaine, c'est-à-dire française par excellence.

Puissent tous nos coloniaux s'en inspirer exclusivement, dans quelque situation et sous quelque latitude que ce soit!

Méthode *passe-partout*, pourrais-je dire!

Et s'il est une colonie où elle s'impose avec la dernière évidence, c'est bien dans notre Indo-Chine, dans ce magnifique empire dont l'existence même semble mise en cause par le désastre russe en Extrême-Orient.

Après les éclatantes victoires de l'empire du Soleil-Levant et le recul de l'Europe en Asie, ce n'est pas avec des bataillons et des canons que nous défendrons le mieux notre nouveau domaine.

A tout prix, il nous faut pouvoir compter sur la fidélité, sur le dévouement des populations indigènes. Et pour nous les acquérir, pour nous y appuyer aux jours d'épreuve, il n'y a qu'un moyen : c'est celui qu'a employé Paul Patté.

Ce n'est rien, pour la France, que d'être crainte. Il faut qu'elle soit aimée, respectée.

Qu'elle apporte donc à ses millions de sujets jaunes, avec le bien-être et la sécurité, la justice, la bonté.

Liberté, *Egalité*, *Fraternité*. C'est la devise républicaine. Ce devrait être notre principal article d'exportation.

L¹-Colonel ADAM DE VILLIERS.

HINTERLAND MOÏ

PREMIÈRE PARTIE

CHAPITRE PREMIER

PRÉLIMINAIRES

GOUVERNEMENT GÉNÉRAL
de
L'INDO-CHINE
—
CABINET
du
Gouverneur général
N° 1007

Le Gouverneur général de l'Indo-Chine,
Officier de la Légion d'honneur,

Vu le décret du 21 avril 1891;

Vu les lettres des 27 août et 19 septembre 1903, du Lieutenant gouverneur de la Cochinchine;

Sur la proposition du Secrétaire général de l'Indo-Chine,

ARRÊTE :

M. Paul Patté, chargé de mission, est mis à la disposition de M. le Lieutenant gouverneur de la Cochinchine pour une mission d'études spéciales.

Le Secrétaire général de l'Indo-Chine et le Lieutenant

gouverneur de la Cochinchine sont chargés, chacun en ce qui le concerne, de l'exécution du présent arrêté.

Saïgon, le 24 septembre 1903.

Signé : BEAU.

Par le Gouverneur général,

Le Secrétaire général
de l'Indo-Chine,

Signé : ADAM.

Le Lieutenant gouverneur
de la Cochinchine,

Signé : RODIER.

———

La notification de cet arrêté vint me surprendre au Cap Saint-Jacques où j'avais attendu, depuis mon retour du Siam, une nouvelle affectation. Celle-ci ne venant pas, je me disposais à rejoindre en France ma femme et mes enfants rapatriés depuis trois mois, et à présider au mariage de ma fille aînée, qui devait être célébré le 20 février.

La séparation des miens m'avait été bien cruelle, surtout après le partage en commun des épreuves à Oubône; me priver de la joie d'être au milieu de la famille le jour d'une si grave fête était encore plus cruel; cependant on m'offrait une mission, il n'y avait pas à hésiter.

Mais qu'était cette mission?

« Mission d'études spéciales », disait l'arrêté.

Quelles études?

En venant faire agréer mes hommages et mes remerciements au Gouverneur général et au Lieutenant gouverneur de la Cochinchine, j'appris qu'il s'agissait de la reconnaissance de l'hinterland Moï. Ma surprise se changea en joie intense : c'était un champ neuf à parcourir, à étudier, c'était la brousse!

Qui n'a pas connu la brousse ne peut se faire une idée des douceurs qu'elle réserve à ceux qui savent la violer, l'aimer, qui savent se pénétrer de son charme, vibrer des émotions qu'elle réserve, tressaillir des mélodies de ses bois, se griser de ses panoramas, s'exalter à ses spectacles féeriques, rêver de son silence de vierge.

Dans la brousse l'homme se juge, se pèse, il mesure sa faiblesse et aussi sa force; le caractère s'y trempe, l'âme s'y épure, le cœur s'y gonfle de sang généreux.

Ma pensée, d'un bond en arrière, me fit revivre les émotions inoubliables de la brousse Yunnanaise, les ardeurs des courses dans la zone tampon du Laos et du Siam, les journées et les nuits passées en pirogue sur le Mékong et le Moune. Quels souvenirs! de quel charme ils restaient parfumés! et c'était cette vie déjà vécue, après laquelle j'aspirais, que j'allais revivre! oui, ma joie fut intense.

MISSIONS ANTÉRIEURES

Lorsque je vins pour la première fois en Asie, je résolus de ne rien lire avant d'avoir vu. J'avais, comme tout le monde en France, des notions plus que superficielles sur notre grande colonie indo-chinoise, j'avais donc beaucoup à apprendre, mais la lecture d'ouvrages dont je ne pouvais apprécier la valeur présentait de sérieux dangers : des idées fausses pouvaient gêner mon jugement si je m'en rapportais à des auteurs mal éclairés et si, au contraire, je m'enthousiasmais des idées de brillants anciens, je verrais par leurs yeux.

En remettant de m'instruire je n'étais pas présomptueux, je voulais voir en toute liberté, sans les lunettes d'autrui; plus tard, lorsque j'aurais recueilli mes impressions, avant de les muer en idées et en jugements, je lirais, je pourrais alors écarter les non-valeurs et, au contraire, profiter de l'expérience des glorieux devanciers et clarifier mes propres idées au filtre de leur expérience.

Ainsi fis-je et bien m'en trouvai.

Francis Garnier, Luro sont des maîtres que j'honore et honorerai toujours.

Mais aujourd'hui la situation n'est plus la même, les années se sont succédées et je commence à pouvoir déchiffrer le sphinx asiatique; je dois pénétrer cet hinterland que l'on dit inconnu; pourtant, des pionniers ont déjà tenté l'entreprise, il faut voir ce qu'ils ont fait, éviter les écueils qu'ils ont rencontrés, profiter de leurs écoles, prendre leur expérience comme conseillère.

Hélas! les archives sont un désert, plus sec que celui de Gobi! Pauvres grands voyageurs qui avez prodigué vos peines, votre énergie, dépensé votre talent, usé votre santé, donné votre vie! Où sont les travaux qui vous ont coûté tant d'efforts, pour lesquels tant d'argent a été dépensé? Où sont ces rapports dont les fruits devraient servir, dont les enseignements seraient des exemples pour vos modestes successeurs?

Ne le demandons pas aux hommes... ils l'ignorent!

Du cabinet d'un gouverneur, ils auront été transportés dans celui d'un secrétaire... général ou autre, puis, descendant l'escalier, ils seront tombés dans le bureau d'un commis, pour, remontant les degrés, entrer dans le dépôt des archives, fosse commune de toutes ces vaillantes éjaculations cérébrales. Dossiers politiques, administratifs, financiers passent aussi de mode et finissent au dépôt; ils sont si nombreux que le dépôt déborde; alors un jour vient où une armée de coolies secouant la poussière de tous ces vieux papiers, les emporte à brassées pour les jeter au grenier. De la fosse commune, ils passent au charnier où les poux de bois et autres rongeurs feront place nette. Les années viennent..., les rapports sont finis, reste un monceau de poussière.

L'homme connaît son sort — *memento quia pulvis*

es et in pulverem reverteris, — mais du moins la pensée était assurée d'immortalité; dans notre vieille Europe au moins respectons-nous l'œuvre des disparus; ici, dans la cruelle Asie, n'ayez pas ce posthume orgueil : tout, jusqu'à votre pensée, sera dévoré.

Malgré mes recherches, n'ayant rien pu découvrir aux Archives, je me rabattis sur la Bibliothèque.

Hélas! deux fois hélas! si le domaine des Archives est un désert, la Bibliothèque était une brousse.

Je dis était, car depuis quelques mois un lettré disert a marché dans cette touffue forêt, séparant, triant, classant avec ordre, méthode et talent; mais, avant lui, la Bibliothèque avait été considérée comme un Sanatorium où l'on envoyait les malades, ou comme un lieu d'exil où l'on reléguait les incapables ou les sacrifiés, sous l'étiquette de Bibliothécaire.

Je ne pus donc me procurer que quelques tomes de la publication *Excursions et Reconnaissances*, où je trouvai quelques courtes notices sur des voyages entrepris en pays moïs.

Voici les travaux que nous allons pouvoir examiner :

1880	Docteur Néis.	15 mai-15 juin.
1882	Lieutenant Gautier.	5 février-9 juin.
»	Pierre Carrau.	
»	Nouet.	
1884	Humann.	22 avril-9 mai.
1884/85	Navelle.	4 février-15 mars.
1889	Brière.	14 décembre-16 janvier.

Le docteur P. Néis était médecin-major de première classe de la marine en 1880, lorsqu'il fut chargé, par le Gouverneur de la Cochinchine, d'étudier, au point de vue anthropologique, les peuplades Moïs de l'arrondissement de Baria. Sa mission dura du 15 mai au 15 juin.

Le pays est décrit d'une plume alerte, les notes d'histoire naturelle sont intéressantes, les mœurs et les coutumes étudiées avec soin, mais les Moïs de Baria sont des annexés et l'hinterland est au delà ; nous ne retiendrons donc de la curieuse étude du docteur Néis que sa très documentée étude anthropologique et son petit vocabulaire Moï, nous reproduirons l'une au chapitre Bibliographie et nous joindrons l'autre, à titre comparatif, au vocabulaire que nous aurons recueilli.

Les Moïs étudiés par le docteur Néis se dénomment Traos.

Le lieutenant A. Gautier, de l'infanterie de marine, fut chargé, en 1882, d'une mission en pays Moï, qui dura du 5 février au 9 juin.

Le lieutenant Gautier reconnut plusieurs affluents du Dong-Naï, de la Rivière de Saïgon et du Mékong.

Ses notes sont muettes sur le personnel de sa mission, mais elles relatent les difficultés éprouvées à recruter des porteurs et à trouver des vivres.

Nous joignons également aux vocabulaires, à titre de comparaison, celui du lieutenant.

Dénomination des Moïs visités par M. Gautier :

Bassin du Dong-Naï, Moïs Mokaos; Bassin de la Dare-Gloune, Moïs Benons; Vallée de la Direman, Moïs Beleus.

Pierre Carrau a été chez les Moïs, il ne dit pas dans quelle région, mais à en juger par les tableautins, bien brossés d'ailleurs, qu'il présente des mœurs agricoles et commerciales, il est à présumer qu'il n'a été qu'à la frontière de l'hinterland.

M. Nouet, administrateur des services civils, fit, en 1882, du 22 avril au 9 mai, une « Excursion chez les Moïs de la frontière du nord-est ». Parti de Trian, il releva le cours du La-Nga en poussant un raid de 170 kilomètres jusqu'à Kron-Tuc; revenu à Tan-Linh, il regagnait Bienhoà en neuf étapes d'un total de 130 kilomètres, soit 300 kilomètres en seize jours, avec deux jours de repos. La moyenne des étapes fut de 18 kilomètres.

Son escorte, commandée par le lieutenant Raynaud, se composait de trente tirailleurs annamites. Les vivres, munitions et bagages étaient transportés par douze charrettes à bœufs. M. Nouet fit les étapes à cheval. L'objectif de son excursion chez les Moïs soumis était un règlement d'affaires administratives.

Le lieutenant Humann, de notre marine nationale, partit de Baria le 4 février 1884 dans le but d'exécuter une série d'observations pour tracer le cours de La-Nga.

Il parle d'une escorte dont il ne fixe ni la composition ni le nombre. Il était de retour le 15 mars.

Sa notice est un carnet d'étapes.

M. E. Navelle, administrateur des affaires indigènes, fit, du 14 décembre 1884 au 16 janvier 1885, une excursion de Thi-Nai au Bla.

Tout aussi documentée et plus fournie que les précédents comptes rendus, sa relation est coulée dans une forme littéraire de haut ton, les tableaux abondent, que ne renierait pas un maître, tant leur coloris est chaud et leur tracé nerveux.

M. Navelle avait une forte escorte, des chevaux de selle et de bât, des éléphants et des coolies.

Il visita Bédangs et Banars.

M. Brière, administrateur des services civils, publiait, en janvier et en avril 1889, deux notes d'une documentation fort complète sur les Moïs du Binh-Thuan, du Khanh-Hoa et du Thuân-Khanh.

Mode de trafic avec les Moïs. — Aperçus politiques très clairs et très nets. — Division ethnographique des

Moïs. — Pratiques des Annamites envers les Moïs et leurs abus. — Voies de pénétration. — Régime hydrographique du Dong-Naï. — Renseignements statistiques. — Tels sont les principaux sujets de la très substantielle étude de M. Brière.

Du commandant Génin, qui avait entrepris une mission chez les Moïs, nous ne trouvons ni rapport ni récit.

Mais nous pouvons noter qu'ultérieurement le commandant Génin, chargé d'une nouvelle mission par les Travaux publics, releva le cours du Dong-Naï, dont il établit une fort belle carte.

Si intéressantes en elles-mêmes qu'aient été ces reconnaissances, elles nous fournissaient peu de renseignements; cependant quelques faits avaient attiré notre attention et pouvaient nous permettre de conclure que :

Le Moï répugne à porter le bagage;

Le recrutement des coolies est des plus difficiles;

Le Moï est un bûcheron habile, il chante en bûcheronnant;

Les vivres sont rares.

Nous conservons avec soin ces observations; nous en profiterons et nous marquons ici le sentiment de notre reconnaissance à nos vaillants et savants anciens.

SITUATION EN 1903

M. Beau, Gouverneur général de l'Indo-Chine, fut frappé, en visitant les provinces de la Colonie, de l'oubli

dans lequel on avait laissé cette grande région qui
s'étend entre la Cochinchine et le Laos, le Cambodge et
l'Annam, région qui forme en quelque sorte le noyau
de notre empire indo-chinois.

Il résolut de faire cesser cet état de choses et en conféra
longuement avec le Gouverneur de la Cochinchine.

M. Rodier étudia, à son tour, la question avec le soin
et le souci de l'exactitude qu'il apporte à tout travail et
se fit présenter des rapports par les administrateurs des
provinces frontières de l'hinterland.

En compulsant le dossier qui fut mis à ma disposition,
j'y trouve d'utiles renseignements :

. . . .

« Mais un des points les plus essentiels de cette mission
et celui sur lequel, Monsieur le Gouverneur, je crois devoir
appeler votre attention, c'est le choix de la personne à
qui elle doit être confiée, la réussite en dépendant en
quelque sorte uniquement. Il est nécessaire, en effet, pour
circuler dans ces régions, d'avoir déjà fait de l'exploration en pays Moï, la moindre maladresse pouvant com-
promettre la réussite finale.

« Les Moïs et notamment les tribus indépendantes
sont en effet très timides, très superstitieux et très crain-
tifs, il ne faut donc agir à leur égard qu'avec une grande
douceur. Néanmoins, comme ils sont d'autre part menteurs et méfiants, il ne faut pas hésiter à user de moyens
énergiques lorsqu'ils ont trompé notre confiance. Pour ma
part, je ne saurais en tout cas recommander assez d'agir à
leur égard avec la plus extrême prudence, car ils sont très
rusés et n'hésitent pas à attirer les voyageurs qui par-
courent leur pays dans un guet-apens, ou à les abandonner
dans la forêt quand ils supposent leur sécurité menacée.

. . . .

« Qu'il me soit permis d'ajouter que la région à parcourir est une région malsaine où les chemins sont à peu
près inconnus et où l'on ne circule qu'à travers des sen-

tiers étroits et tortueux. La vie y est donc particulièrement pénible. Il importe, en conséquence, de ne confier
cette mission qu'à une personne de constitution robuste
et capable tout à la fois, par son adresse et son énergie,
de pénétrer ces régions sans effrayer la population et se
la rendre hostile.

. . . .

« Pour compléter ces renseignements il serait cependant nécessaire, Monsieur le Gouverneur, de faire quelques
reconnaissances dans la partie nord des cantons qui
relèvent de la province de Thudaumot. Il y est en effet
à remarquer qu'il y a entre la province de Bienhoà, la
province de Thudaumot, la province du haut Dong-Naï,
la frontière du Cambodge et celle du Laos, *une portion
de territoire qui n'a pas été pénétrée et qui est habitée par
des peuplades absolument indépendantes.* C'est ainsi que
lors de la mission des chemins de fer, M. le capitaine
Génin, qui avait mission de relever la vallée du Dong-Naï,
fut arrêté à six jours environ de Bienhoà par des populations qui refusèrent de le laisser passer.

« D'autre part, le marquis de Barthélémy, qui était
parti, il y a trois ans, de Tayninh avec l'intention de
venir me rejoindre dans la vallée du haut Dong-Naï, fut,
lui aussi, obligé de renoncer à poursuivre plus avant son
voyage, ayant trouvé sur sa route, à cinq jours au nord
de Thudaumot, des peuplades entièrement indépendantes
qui lui refusèrent le passage.

. . . .

« Si vous êtes de cet avis, Monsieur le Gouverneur, je
vous proposerai de vouloir bien confier le soin de faire
ces reconnaissances à M. X..., qui est incontestable-
ment l'Européen qui semble le mieux préparé à entreprendre ces reconnaissances. »

Thudaumot, les 25 mars et 20 juin 1903.

Signé : Ernest OUTREY.

Le 28 octobre 1903, M. Outrey soumettait au Gouverneur de la Cochinchine un projet de budget fort généreux pour la mission, préconisant l'emploi des chars à bœufs et assurant le chef de la mission de tout son concours.

Il ajoutait, en effet :

« Vous voudrez bien remarquer, Monsieur le Gouverneur, que j'ai tout prévu largement. Vous ayant en effet présenté des objections lorsqu'il a été question de confier cette mission à M. Patté, et persistant à croire que ce n'est pas l'homme auquel il aurait fallu la confier, j'ai tenu en rédigeant et en prévoyant les dépenses qui résulteront de cette mission, à le faire avec la plus grande impartialité.

« Je ne veux en effet, si M. Patté aboutit à un échec ou à des mécomptes, assumer une part de responsabilité quelconque dans cette affaire.

« Je ne voudrais surtout pas qu'il puisse être dit que je vous ai proposé les moyens de réussite insuffisants.

. . . .

« Ce sont, croyez-le, Monsieur le Gouverneur, des reproches qui ne sauraient m'être adressés, mon concours le plus complet étant acquis à M. Patté puisque vous avez cru devoir le désigner. »

Thudaumot, le 28 octobre 1903.

Signé : Ernest Outrey.

Le rapport de l'administrateur d'une autre province préconisait : « de profiter le plus possible des ressources en porteurs et en vivres qu'offrira le pays;

« De fixer à six le nombre des miliciens d'escorte et à dix celui des coolies;

« De restreindre les vivres à la plus simple expression, les villages traversés se présentant assez nombreux;

une réserve de riz et condiments pour cinq jours seulement lui paraissait suffisante.

« Le seul mode de transport possible dans ces régions — le dos de l'homme — les chevaux ne pouvant résister au bâtage et aux mauvais pâturages ; — quant aux charrettes, n'y pas songer, les sentiers n'existaient plus pour elles, dépassée la zone où s'exerce notre influence. »

Ces rapports émanant d'hommes compétents, connaissant la région et ayant pour eux l'expérience, me furent un enseignement précieux.

J'avais aussi, je puis l'avouer, ma légère expérience acquise au Yunnan, au Laos et au Siam.

Néanmoins, je fis quelques déplacements à Bienhoà, Thudaumot et Hon-Quan.

Bienhoà, chef-lieu de la province du même nom, est aux portes de Saïgon, par conséquent fort loin de sa frontière moï, mais l'aimable administrateur, M. Chesne, me fournit gracieusement d'intéressants renseignements.

A Thudaumot, M. Outrey s'empressa ; il a une vieille expérience de la brousse, ayant administré la province du haut Dong-Naï, dirigé des travaux au Lang-Bian et construit il y a quelques années, dans cette même province de Thudaumot qu'il administre aujourd'hui, la route de Thudaumot à Stung-Treng que nous allons suivre pour gagner Hon-Quan.

De Saïgon à Hon-Quan, les étapes ou relais sont :

Saïgon : Thudaumot, 30 kilomètres ; Bên-Cât, 21 kilomètres ; Bau-Bang, 14 kil. 500 ; Chôn-Thanh, 16 kil. 500 ; Hon-Quan, 27 kilomètres. Soit 109 kilomètres.

A l'aller ce nous est une promenade de globe-trotter, car M. Outrey pousse l'obligeance jusqu'à nous conduire en automobile.

Au retour nous reviendrons à cheval jusqu'à Chôn-Thanh et de là à Saïgon en malabar attelé de deux chevaux, avec relais à Bên-Cât et Thudaumot.

A Hon-Quan, le jeune délégué nous reçoit avec affabilité, mais il est installé depuis quinze jours et n'a pas encore visité ses cantons.

Cependant il a pu prendre connaissance des archives; oui, à Hon-Quan, il y a des archives, Messieurs de Saïgon, et elles sont fort instructives.

Au nom d'Hon-Quan doit être attaché celui de Gourgand, son fondateur.

Non seulement Gourgand installa le poste administratif, mais il sut le développer et y faire jaillir un petit centre peuplé d'Annamites, de Chinois et de Cambodgiens.

Il traça des routes, prit contact avec les Moïs, les étudia, les aima, s'en fît aimer.

A ces labeurs divers il n'eût garde de ne pas joindre le travail de son emploi : il était garde forestier, et il repeupla là où le Moï avait dépeuplé.

Gourgand aimait le travail. Gourgand réussissait. Gourgand aimait le Moï et en était obéi... On le déplaça.

Ses notes fort curieuses, les rapports de ses randonnées nous apprirent beaucoup.

Ayant tout classé, coordonné, nous pûmes présenter au Gouverneur, qui nous les avait demandées, nos propositions pour le personnel et le matériel.

Satisfaction nous fut en tous points accordée et au delà. C'est encore un hommage que nous devons rendre au Gouverneur qui nous mit largement à même d'accomplir notre tâche.

Tous les détails d'une mission pouvant être utiles à ceux qui viendront après nous, nous reproduirons ici les arrêtés constitutifs, la nomenclature du matériel et les instructions qui nous furent données.

COCHINCHINE FRANÇAISE

CABINET
du
Lieutenant gouverneur
N° 200

ARRÊTÉS

Le Lieutenant gouverneur de la Cochinchine,

Officier de la Légion d'honneur,

Vu les décrets des 29 octobre 1887 et 9 mai 1889;

Vu l'arrêté du Gouverneur général, en date du 24 septembre 1903, mettant M. Paul Patté à la disposition du Lieutenant gouverneur de la Cochinchine pour une mission dans l'hinterland de la Cochinchine et de l'Annam ;

Vu le câblogramme de M. le Secrétaire général, en date du 24 décembre 1903, au sujet de l'imputation de la solde et des accessoires de solde du médecin attaché à la mission Patté;

Vu la lettre du Chef de service de santé de la Cochinchine et du Cambodge, en date du 12 janvier 1904, désignant M. le docteur Le Groignec comme médecin attaché à la mission Patté,

ARRÊTE :

ART. 1er. — M. Patté est chargé d'explorer l'hinterland habité par des Moïs indépendants, entre la Cochinchine et l'Annam.

Il recevra des instructions et un croquis sommaire de la région, dressé par renseignements.

La durée de sa mission sera d'environ trois à quatre mois.

ART. 2. — M. Patté sera accompagné de M. le docteur Le Groignec, médecin aide-major de première classe des troupes coloniales, et d'une escorte de onze militaires indigènes ou, à défaut, d'une escorte de miliciens.

Il est autorisé à recruter un interprète et trois serviteurs (un cuisinier, deux boys) et à se munir du matériel et de la pacotille de cadeaux pour indigènes, dont la nomenclature figure sur l'état ci-annexé.

Pendant le voyage, il assurera ses transports au moyen de charrettes à bœufs et de porteurs recrutés sur place et moyennant salaire.

. . . .

Le directeur des bureaux du secrétariat du gouvernement et M. Patté sont chargés, chacun en ce qui le concerne, de l'exécution du présent arrêté.

Saïgon, le 26 janvier 1904.

Signé : RODIER.

RÉPUBLIQUE FRANÇAISE

GOUVERNEMENT GÉNÉRAL
de
L'INDO-CHINE

—

CABINET
du
Gouverneur général

LIBERTÉ-ÉGALITÉ-FRATERNITÉ

—

Le Gouverneur général de l'Indo-Chine,
Officier de la Légion d'honneur,

Vu le décret du 21 avril 1891;

Vu le règlement financier du 14 janvier 1869;

Vu le décret du 20 novembre 1882, sur le régime financier des colonies;

Vu la demande présentée par M. Paul Patté, chargé de mission dans l'hinterland de la Cochinchine et de l'Annam;

Sur la proposition du Général de division commandant supérieur des troupes du groupe de l'Indo-Chine,

ARRÊTE :

ART. 1er. — Une escorte, commandée par un sergent

du 1ᵉʳ régiment de tirailleurs annamites, composée de :
cinq soldats indigènes du 1ᵉʳ régiment de tirailleurs
annamites; cinq soldats indigènes du 2ᵉ régiment de
tirailleurs annamites; un canonnier indigène du régiment
d'artillerie de Cochinchine, sera mise à la disposition de
l'explorateur Patté, à la date fixée pour le départ de sa
mission et pour toute la durée de cette dernière.

ART. 2. — Ces militaires recevront, en dehors de leur
solde pendant cette mission, les indemnités journalières
suivantes : Sous-officier, 2 piastres 50; militaires indigènes, 0 piastre 60 par homme.

ART. 3. — La dépense sera imputée au budget de la
Cochinchine.

ART. 4. — Le Général de division commandant supérieur des troupes du groupe de l'Indo-Chine et le Lieutenant gouverneur de la Cochinchine sont chargés, chacun
en ce qui le concerne, de l'exécution du présent arrêté.

Hanoï, le 28 janvier 1904.

Signé : BEAU.

Par le Gouverneur général,

<table>
<tr><td>Le général de division comman-
dant supérieur des troupes du
groupe de l'Indo-Chine,</td><td>Le Lieutenant gouverneur
de la Cochinchine,</td></tr>
<tr><td>Signé : CORONNAT.</td><td>Signé : RODIER.</td></tr>
</table>

RÉPUBLIQUE FRANÇAISE

LIBERTÉ-ÉGALITÉ-FRATERNITÉ

COCHINCHINE FRANÇAISE
—
CABINET
du
Lieutenant gouverneur
N° 207

Le Lieutenant gouverneur de la Cochinchine,
Officier de la Légion d'honneur,

Vu les décrets des 29 octobre 1887 et 9 mai 1889;

Vu l'arrêté du Gouverneur général, en date du 24 septembre 1903, mettant M. Paul Patté à la disposition du Lieutenant gouverneur de la Cochinchine pour une mission dans l'hinterland de la Cochinchine et de l'Annam;

Vu l'arrêté du 26 janvier 1904 organisant la mission Patté;

Vu le câblogramme du Gouverneur général, n° 74, en date du 27 janvier 1904;

Vu l'arrêté du Gouverneur général, en date du 28 janvier 1904, accordant une escorte militaire à M. Patté,

ARRÊTE :

ART. 1er. — M. Baron, commis de deuxième classe des travaux publics, à la solde coloniale annuelle de 5,000 francs, est mis à la disposition de M. Patté, en qualité d'interprète de la mission Patté.

Il aura droit, en plus de sa solde, à l'indemnité de route de dix francs (10 fr.) par jour, réglementaire pour les fonctionnaires de sa catégorie, pendant toute la durée de la mission.

Il touchera avant son départ, une indemnité fixe de trois cents francs (300 fr.) pour frais d'équipement.

ART. 2. — Le sergent européen, commandant l'escorte, recevra également avant son départ, une indemnité fixe de deux cents francs (200 fr.) pour frais d'équipement.

Chaque militaire indigène recevra une indemnité de dix piastres (10 piastres) pour le même objet.

Art. 3. — La dépense est imputable au budget local de la Cochinchine, chapitre XIII, « Dépenses imprévues. »

Art. 4. — Le directeur des bureaux est chargé de l'exécution du présent arrêté.

Saïgon, le 28 janvier 1904.

Signé : Rodier.

Visé au contrôle financier, le 28 janvier, n° 169.

RÉPUBLIQUE FRANÇAISE

LIBERTÉ-ÉGALITÉ-FRATERNITÉ

COCHINCHINE FRANÇAISE

—

CABINET
du
Lieutenant gouverneur
N° 242

Le Lieutenant gouverneur de la Cochinchine,
Officier de la Légion d'honneur,

Vu les décrets des 29 octobre 1887 et 9 mai 1889;

Vu l'arrêté du 26 janvier 1904, chargeant M. Patté d'une mission chez les Moïs indépendants et fixant les diverses indemnités auxquelles auront droit les membres de la mission;

Vu l'arrêté du 28 janvier 1904, adjoignant M. Baron à la mission Patté;

Vu l'arrêté du 31 janvier 1904, autorisant la mission Patté à toucher un mois d'avance de la solde coloniale;

Considérant que les hommes de l'escorte seront, pendant la durée de la mission, dans l'impossibilité de pourvoir eux-mêmes à leur nourriture et que les salaires des coolies porteurs et les frais de transport devront être payés immédiatement,

Arrête :

Art. 1er. — Une somme de six cents piastres (600 piastres) est mise, à titre d'avance, à la disposition de M. Patté, pour le paiement des frais de nourriture de l'escorte et des salaires des coolies, à charge par lui d'en justifier l'emploi ultérieurement, dans les formes réglementaires.

ART. 2. — Cette somme sera prélevée sur les crédits de l'article 6 « Dépenses imprévues », chapitre XIII du budget local de la Cochinchine.

ART. 3. — Le directeur des bureaux du secrétariat du gouvernement est chargé de l'exécution du présent arrêté.

Saïgon, le 2 février 1904.

Signé : RODIER.

Visé au contrôle financier, le 2 février 1904, n° 202.

Cette somme, reconnue insuffisante, fut portée à 2,000 piastres, par arrêté du 26 février 1904.

MATÉRIEL DE LA MISSION

Cavalerie.

5 forts chevaux.

Sellerie.

4 selles avec fontes, sacoches et porte-manteaux, licols et entraves, étrilles, etc.

Campement.

1 tente, 2 prélarts, 4 lits Picot, couvertures et draps; 1 cantine par Français, contenant : linge, effets, chaussures, etc.; popote et filtres; petit campement, plaques

de fer-blanc, 2 tables pliantes, 4 sièges pliants, 1 fauteuil pliant, seaux en toile, étamine pour pavillons, cordages, 1 pièce de toile à voile, outils de sape et de pioche, scies articulées, 1 caisse de menus outils, quincaillerie, papier goudronné, 1 chaîne d'arpenteur, coupe-coupes, 2 lampes à acétylène et caisse de carbure, 6 photophores et bougies, 2 lanternes sourdes, cornes d'appel, sifflets.

Instruments et divers.

4 montres, 2 podomètres, 4 boussoles, 1 boussole Peigné, 6 thermomètres, 2 mètres, 1 décamètre en acier, 3 baromètres anéroïdes altimétriques, 3 appareils et matériel photographiques, 1 pochette de compas, 1 planchette à dessin ; 18 carnets de topographie, 28 carnets de route, 1 boîte couleurs, encre de Chine, encres diverses, crayons noirs, crayons de couleurs, papeterie, plumes, etc., cire et cachets, 100 feuilles papier topographique.

Instruments de chirurgie.

Une caisse.

Pharmacie.

Pansement : Médicaments, compresses, coton, gaze, bandes, iodoforme, sublimé, acide borique, collodion, diachylon, chloroforme, fil à suture, bocaux, plateaux à pansement.

Solutions hypodermiques : Seringue Pravaz, petite cupule, lampes alcool, solution à quinine, morphine, caféine, éther.

Tube digestif : Pèse-lettres servant de balance, rhubarbe, bicarbonate de soude, sulfate de soude, calomel, salicylate bismuth, benzo-naphtol, ipéca, laudanum, pilules Segond, extrait thébaïque.

Généraux : Bromure de potassium, chloral, antipyrine, quinine, teinture d'iode, iodure de potassium, collyre-sulfate de zinc, collyre-atropine, collyre-nitrate d'argent, permanganate de potasse, pilules Ricord, liqueur Fowler, compte-gouttes, tubes à essai pour collection, vide-bouteilles et tubes en caoutchouc, alcool à brûler, cachets.

Piqûres venimeuses : Chlorure d'or.

Ethnographie.

Compas d'épaisseur, règle, ruban métrique.

Histoire naturelle.

Papier buvard, savon arsenical, formol.

Divers.

Lanterne magique, pièces d'artifice, savon de blanchisserie.

Munitions.

100 cartouches de guerre par homme, 250 cartouches Winchester, 500 cartouches fusil de chasse, 500 cartouches revolver; dynamite et détonateurs.

Armes.

Les 11 tirailleurs annamites étaient armés de la carabine; nous avions en plus : 1 Winchester, 4 fusils de chasse, 4 revolvers d'ordonnance.

Objets d'échange.

Couvertures, cotonnades, tricots, serviettes, marmites de cuivre, fil, bimbloterie, tabac et cigarettes, allumettes, sel, coupe-coupes, verroterie, aiguilles, ciseaux, couteaux, jouets d'enfants.

Semences.

Graines agricoles, forestières et maraîchères.

Vivres indigènes.

3,000 kilogrammes de riz, 1,000 kilogrammes de poisson sec, 25 jarres de nuoc-man, 25 jarres de chum-chum, 50 kilogrammes de thé annamite.

Vivres pour les Français.

3 mois de vivres de conserve pour 4 hommes; farine, thé pour la boisson.

Livres.

Bibliothèque de campagne.

Espèces.

2,000 piastres.

Approuvé.

Signé : RODIER.

Une partie de la sellerie et du campement, les armes de chasse, les revolvers, des montres, des instruments, des appareils photographiques, la bibliothèque, nos hardes, nos vivres, etc., étant fournis par nous, la dépense pour le budget local se monte à 4,500 piastres.

Saïgon, le 26 janvier 1904.

INSTRUCTIONS

données à M. Paul Patté,
chargé de mission chez les Moïs habitant le nord-est
des frontières de la Cochinchine.

Vous êtes chargé d'une mission qui a pour but de reconnaître les régions situées au nord-est de Bienhoà et de Thudaumot.

Votre itinéraire est ainsi fixé, dans ses points principaux :

Vous partirez de Thudaumot. Vous monterez le Song-Bé jusqu'au massif de la Yumbra.

Vous rejoindrez ensuite le Dong-Naï, près du mont Surling. Vous descendrez le fleuve par Trian pour arriver à Bienhoà. Un certain nombre de reconnaissances faites à droite et à gauche devront compléter cet itinéraire.

Ce pays encore inexploré est habité par des Moïs indépendants. Vous entrerez en relations avec ces tribus et les engagerez à accepter notre autorité; mais vous agirez avec la plus grande prudence. Vos négociations devront toujours être conduites avec réserve et vos ordres donnés utilement.

Vous n'oublierez jamais que votre mission est toute pacifique. La persuasion, la conviction sont les seules armes dont vous devez faire usage. D'ailleurs, ces sauvages très superstitieux, très timorés deviennent dangereux s'ils sont insultés dans leurs habitudes ou dans leurs traditions.

A la moindre alerte, la désertion serait complète, votre mission verrait sa marche arrêtée et vous vous trouveriez dans une situation critique.

Les Moïs empoisonnent les puits et sont très habiles à lancer des flèches.

Les Moïs sont farouches et superstitieux, il est nécessaire d'agir vis-à-vis d'eux avec une grande douceur.

Ils n'hésitent pas, leur sécurité menacée, à attirer les voyageurs dans un guet-apens, ou à les abandonner dans la forêt. Ils sont donc rusés et menteurs. Aussi ne faut-il pas être leur dupe. On doit opposer à leurs mensonges et à leur méfiance, une prudente énergie.

Ces peuplades primitives, ennemies entre elles, se font réciproquement une guerre perpétuelle. Toutes les ruses servent à leur vengeance; ainsi ils amènent sciemment un étranger dans un village ennemi afin de le faire attaquer.

Ils espèrent que les Européens vengeront leur compatriote et puniront par de cruelles représailles cet attentat.

Ils se réjouiront à la fois de la mort de l'étranger et de la punition infligée à leurs ennemis.

Il ne faut donc aller dans un village Moï inconnu qu'après être entré en relations avec ses chefs; il faut éviter de pénétrer dans l'intérieur, qui est souvent barricadé, sans y avoir été convié par les habitants ou sans leur consentement. On a vu, en effet, de nombreux cas où les Européens se sont aliéné les populations pour avoir pénétré de force dans l'enceinte d'un village. Il y a des tribus que les Moïs de la haute région dénomment Moïs-Bi, chez lesquelles on ne peut pénétrer que les jours fastes.

L'étranger qui tenterait de forcer cette coutume risquerait de trouver la mort.

L'achat préalable d'une pacotille de cadeaux est nécessaire, comprenant : fils de cuivre, glaces, perles, parapluies, étoffes, etc., afin d'inspirer confiance et d'amadouer les habitants.

Les indigènes se groupent et forment de petites agglomérations‾ très éloignées les unes des autres. Le trafic de l'esclavage est leur seul commerce.

Vous ne rencontrerez pas partout la méfiance et vous serez accueilli quelquefois avec hospitalité.

Sur la rive gauche du Song-Bé, du côté de la montagne du Yumbra, dans la région appelée Buka, se trouvent des Moïs indépendants, aux dents limées, faisant du sel avec des cendres, qui, d'après les renseignements recueillis, ne demanderaient qu'à se soumettre. Ces Moïs mangent le sel comme du sucre.

Les deux notables les plus influents de cette région sont le nommé Rap et le nommé Rgnent.

La circulation est pénible, les chemins n'existent pas, des sentiers étroits et tortueux sont les seuls moyens de communication.

La région est malsaine.

Vous étudierez soigneusement la situation géographique.

Vous nous permettrez ainsi, par votre rapport, de rattacher ces groupes soit au Cambodge, soit à la Cochinchine, soit à l'Annam. Vous recueillerez, d'autre part, des notes géologiques, forestières, etc.

Je vous recommande surtout la précision. Des indications vagues seraient sans utilité.

Vous dresserez un levé de l'itinéraire de la région parcourue, au moyen d'instruments de topographie simples et peu encombrants dont vous devez vous munir.

Enfin, grâce aux relations que vous vous créerez dans les villages Moïs, vous ferez en sorte de me donner le plus souvent possible des nouvelles de votre mission.

Pour le reste je m'en rapporte à votre initiative et à votre prudence.

Il va de soi que les renseignements ci-dessus sont donnés sous réserve et auront besoin d'être contrôlés par vous. De même le croquis joint.

En cas de succès, ce premier voyage de 3 à 4 mois, fait

rapidement, sera considéré comme une simple reconnaissance du pays, laquelle sera suivie de voyages et d'études plus approfondies dont je continuerai à vous charger.

Signé : RODIER.

CONSTITUTION. — RÉPARTITION DU TRAVAIL.
RESSOURCES.

En exécution des arrêtés précités, la mission fut donc ainsi constituée :

Paul Patté, chef de la mission; docteur Le Groignec (des troupes coloniales), médecin; Pierre Baron, commis des travaux publics, interprète (français - annamite); Albert Féral, sergent d'infanterie coloniale, chef d'escorte; 10 tirailleurs annamites des 1er et 2e régiments, 1 cavalier annamite du régiment d'artillerie; 1 interprète (moï-annamite); 1 cuisinier; 1 jardinier.

Nous répartîmes le travail de la façon suivante :

Docteur Le Groignec.— En marche, comme en station : soins médicaux aux membres de la Mission et aux Moïs rencontrés.

Le docteur ne devra pas attendre les malades, il devra les chercher avec sollicitude. Il notera les noms des Moïs soignés, le nom de leur village, l'affection du patient.

Il sera chargé des observations anthropologiques qu'il multipliera avec zèle.

A lui incombe de colliger : échantillons botaniques, forestiers, minéralogiques, et les collections d'histoire naturelle.

La photographie lui est réservée.

Pierre Baron s'empressera d'étudier le Moï et s'efforcera de le parler au plus tôt.

Il colligera les expressions moïs en vue d'établir un vocabulaire sérieux.

En station, il présidera à la construction des bâtiments.

En route, il nous secondera pour le levé de l'itinéraire.

Le *sergent Féral* conduira l'escorte et le convoi.

Lorsque la mission stationnera, il pourra être envoyé en reconnaissance.

Nous nous réservions : la direction générale du voyage, la rédaction du journal, le levé de l'itinéraire et la rédaction de la carte, la comptabilité, le recensement, les rapports et la correspondance.

Les ressources de la mission sont indiquées plus haut.

Nous pouvons paraître nous être étendu bien longuement sur les préliminaires, nous estimons qu'on ne saurait trop le faire. A l'encontre de ce que l'on peut supposer, le gros œuvre, le point délicat d'une mission s'accomplit dans la réflexion du cabinet : il faut savoir prévoir, là est le gage du succès.

Le reste est de peu, l'action sur le terrain ne demande que de l'énergie et de l'esprit de suite.

Il faut prévoir.

A l'escorte plus nombreuse, offerte généreusement par nos chefs, nous avions préféré un petit groupe d'hommes d'élite.

Pour faire respecter les biens, les personnes, les usages des Moïs, il nous fallait des soldats disciplinés.

Grâce à la sollicitude du général de Beylié et à l'amabilité des colonels Daim, d'Albignac et de Laguarrigue de Survilliers, nous avions des sujets d'élite.

Nous voulons ici, en remerciant les chefs qui nous les

confièrent, donner un public témoignage de satisfaction à ces modestes serviteurs en transcrivant les noms de :

Lé-Van-Chân	matricule	1029	artilleur.	
Ng-Van-Tien	—	6377	tirailleur.	
Lé-Van-Laï	—	2734	—	Caï.
Lé-Van-Lieng	—	5651	—	
Ng-Van-Kien	—	5935	—	
Hà-Van-Trong	—	5973	—	
Ng-Van-Phu	—	6743	—	
Tran-Van-Thanh	—	3382	—	Caï.
Cao-Van-Quan	—	5073	—	
Ng-Van-Thau	—	6112	—	
Bui-Van-Sô	—	5996	—	

Il serait injuste de ne pas citer Haï, notre fidèle cuisinier Tonkinois, qui avait été souvent notre dévoué compagnon depuis quatre ans au Laos et au Siam.

Enfin, le dernier de nos serviteurs indigènes était Lé-Van-Bé, jardinier, que nous emmenions en remplacement d'un boy accordé par les arrêtés, comptant bien utiliser ses talents au profit des Moïs.

La question du bagage nous avait donné fort à réfléchir. Elle entraînait aussi celle de l'alimentation des membres Français et indigènes de la mission.

Par ce que nous avions lu, par ce qu'on nous avait dit, nous savions qu'il n'y avait pas de routes.

Mais nous savions aussi que le pays ne présentait pas grande ressource.

Le Moï ne fait pas de commerce, il ne doit donc cultiver du riz que pour ses besoins, pensions-nous; si nous lui réquisitionnons son riz, même en lui donnant en échange le double de la valeur en bimbloterie, cela n'empêchera pas plus tard la disette pour lui, car il ne pourra pas se procurer du riz avant la récolte suivante.

Emporter de grandes provisions et faire porter le bagage par des coolies Moïs?

Mais la réquisition des vivres et la contrainte au portage n'étaient-elles donc pas les causes des échecs précédents !

Et le manque de route semblait rendre le problème insoluble.

Une lueur, un chant, nous guida :

« Le Moï est habile bûcheron, il chante en bûcheronnant », avaient écrit nos anciens.

Allons donc! le Moï fera des routes et le bagage et les vivres y passeront en charrettes à bœufs!

Nous nous procurâmes donc trente de ces chars avec attelages et conducteurs.

Avant de vouloir, il faut prévoir, car, nous le verrons, c'est *pouvoir*.

CHAPITRE II

DE SAÏGON A HONQUAN

Mise en route. — Cantons Moïs annexés à l'arrondissement de
Thudaumot

Le 28 janvier 1904.

Les chevaux, le convoi des bagages et l'escorte quittent Saïgon sous la conduite du sergent Féral qui les concentre à Thudaumot.

Nous ne parlerons pas de nos déplacements personnels à Hon-Quan où nous retournâmes nous-mêmes aux renseignements, non plus que de rentrées à Saïgon pour régler toutes questions administratives.

Mais le 2 février, toujours secondé gracieusement par l'Administrateur de Thudaumot, M. Ernest Outrey, nous mettions la mission en route sur Hon-Quan où nous la rejoignions le 7 février.

La journée du 8 fut consacrée à la dernière revue du bagage.

Celle du 9 à l'examen des hommes d'escorte et à la distribution de leur travail.

Le 10, nous établissions les détails d'une tournée que M. Outrey nous priait de faire, avant de passer la frontière, dans les cantons Moïs annexés à sa province.

Nous devions partir le lendemain sans pouvoir attendre notre interprète Baron, qu'une administration, jalouse de conserver ce bon serviteur, retenait encore au Cap.

Nous allions également être privés, pendant quelques jours, du concours du docteur Le Groignec : un accident survenu à un Français en villégiature à Hon-Quan nous avait contraint de donner à notre médecin l'ordre de convoyer le malade jusqu'à Saïgon.

Mais à notre personnel allait se joindre, pendant cette première excursion, M. Guénot, administrateur délégué à Hon-Quan et quelques miliciens du poste.

CANTONS MOÏS ANNEXÉS A L'ARRONDISSEMENT DE THUDAUMOT

Du 11 au 15 février nous traverserons les cantons Moïs de Minh-Ngai, Loc-Ninh et Phuoc-Lé, puis, le 16, nous franchirons le Song-Bé, frontière de l'Hinterland dans lequel nous nous avancerons jusqu'à Boek-Corre, pour être de retour à Hon-Quan le 21 février.

Pour accomplir cette petite excursion nous laisserons le gros de notre bagage au poste d'Hon-Quan, n'emportant, sur 10 charrettes que l'indispensable et les vivres pour 15 jours.

Le 11, à 5 heures, nous étions prêts, la nuit était encore étoilée, il eut fait bon à profiter de la fraîcheur, mais mettre en route le convoi, le premier jour d'une tournée est, en Asie, chose, paraît-il, impossible.

Nous l'avions maintes fois subie, nous la subissons encore aujourd'hui.

A 5 h. 30 le ciel se nuance de vert tendre et de rose, les chevaux piaffent, mais... les bœufs sont encore au pâturage.

A 6 heures le soleil, irradiant, flamboie; à 6 h. 30 la brume s'élève; à 7 heures le soleil est vaincu par un brouillard opaque qui enveloppe tout à l'entour. Nous avons belle d'admirer les phénomènes célestes, la lutte et le triomphe du soleil qui met en pièces le brouillard dont les bandes déchirées s'enfuient en lambeaux sous les charges de l'aquilon allié aujourd'hui à Phébus; après la bataille, la vengeance, le soleil ne fait pas de quartiers et brûle tout. C'est le moment où bêtes et gens daignent être prêts.

Il est 9 h. 15 quand nous pouvons mettre en route le convoi sous la garde des tirailleurs et des miliciens commandés par le sergent Féral.

A 9 h. 30, M. Guénot et moi, escortés d'un interprète du poste, de deux tirailleurs et de deux miliciens montés, piquions en avant, suivant pendant 14 kilomètres dans la direction nord, la grande route de Kratié; obliquant à l'ouest dans un sentier coupé par un petit affluent du Suoi-Bra (1), nous faisions halte à 11 h. 40 au village de Viec-Ron, à 16 kilomètres d'Hon-Quan.

La grande route est taillée dans la forêt clairière, dévastée depuis des siècles par les incendies des créateurs de rays (2). Aujourd'hui ce n'est pas l'homme qui la brûle, c'est le soleil. L'Homme, d'ailleurs, n'est en tout qu'un pâle imitateur de la nature : la guerre des éléments, celle des animaux, celle des végétaux est souvent plus terrible que celle des hommes.

A quelques kilomètres d'Hon-Quan, nous avions traversé le feu, coupé seulement par la route. A droite et à gauche deux colonnes hurlantes de flammes dévoraient arbustes et arbrisseaux, faisaient un siège rapide des citadelles forestières, gigantesques saos ou gos qui s'écroulaient avec fracas.

Nos chevaux excités par la lueur des flammes et les bruits de la lutte des éléments, nous avaient emportés

(1) Suoi : cours d'eau, ruisseau.
(2) Ray : champ.

MOÏS TIRANT A L'ARC

au galop loin de cette fournaise; quand ils avaient pu reprendre haleine nous voyions encore, telles des lignes de tirailleurs bondissant d'échelons en échelons, les lignes légères de feu, sautillant et embrasant feuilles et herbes sèches. Elles seront bientôt suivies des grcs bataillons que nous avons traversés et des batteries dont nous entendons encore les détonations. En éclatant, les bambous donnent l'illusion de feux de salve; les gros arbres, celle du canon.

A Viec-Ron, pauvre petit village habité par des réfugiés cambodgiens, nous allons être contraints à une halte bien longue, car le convoi n'y arrive qu'à 3 heures.

Tout est relation, tout est comparaison dans la vie : je ne puis m'empêcher de songer à nos raids du Yun-Nan où, en compagnie du seul Zoui, tout à la fois interprète, cuisinier, boy, palefrenier, nous avalions chaque jour 75 à 80 kilomètres, coupés d'une seule halte d'une heure au point d'eau; et aussi mes braves Laotiens du Moune, pagayeurs inlassables de jour et de nuit, me montrent dans le miroir du passé leurs visages sympathiques.

Hommes, chevaux et bœufs, restaurés et reposés, nous nous mettons en route, à 5 h. 45 du soir pour Sroc-Ngua.

— Combien nous faut-il d'heures? interrogeons-nous.

— Le temps de faire cuire deux marmites de riz, nous répond le chef de Viec-Ron.

Traduisez deux heures; c'est ainsi que ces simples expriment les valeurs par des images qui souvent ne manquent pas de poésie : « Vous arriverez à l'heure où l'on couche les enfants », ajoute une bonne vieille. En effet, nous sommes à Sroc-Ngua à 7 h. 15 — 10 kilomètres au nord-est; — le convoi nous rejoint à 8 h. 20.

Le village de la halte et celui du gîte sont pauvres et sales, les gens, soumis, mais sans allure — apparente du moins — sont les misérables communs à toutes les régions asiatiques. C'est la zone frontière avec tous ses vices et toutes ses misères, l'afflux de tous les déclassés, cambodgiens, annamites, laotiens, chassés ou enfuis de leurs pays par la même crainte de la justice; c'est à ce contact que les pauvres Moïs, naguère les fiers sauvages, apprennent les belles manières. C'est aujourd'hui et ce sera durant quelques jours un triste spectacle pour nous, car nous voyons le mal sans pouvoir tenter d'y apporter remède : nous n'en avons ni la mission ni le droit (1).

Le 12.

Malgré un réveil matinal, le départ est aussi tardif que celui de la veille et la halte de Chram-Tonté se fait à la même heure que celle d'hier.

Elle sera d'ailleurs aussi longue, et si l'arrivée au gîte, Binh-Thanh, est en avance d'une heure, c'est que nous aurons franchi une moindre distance.

Les départs sont un peu plus difficiles, au contraire de ce que j'aurais pu espérer, mais je ne suis pas seul et ne veux pas user de mon autorité pour mettre un peu de la discipline nécessaire. M. Guénot, le jeune administrateur d'Hon-Quan est d'ailleurs un compagnon charmant, j'aurais mauvaise grâce à troubler sa promenade dans les cantons qui sont son fief et dont il me fait gracieusement les honneurs!

Un chef de canton nous suit aujourd'hui en charrette, il n'est pas le seul d'ailleurs, un cavalier, quelques piétons ont augmenté sinon notre troupe, du moins notre bande, mais ce n'est rien encore; dans deux jours nous aurons mieux, dans trois jours, comme chez Bilboquet, ce sera de plus en plus fort!

(1) Le lieutenant Gautier, qui pourtant ne philosophe pas à l'excès, fait cette remarque :
« *Cantons moïs annexés* : Ramassis de déclassés, d'esclaves évadés, de comans absolument dépourvus des fortes vertus de leurs congénères. » Et il ajoute : « On rencontre au fond des forêts une population courageuse et douée de qualités. »

— Que viens-tu faire avec nous?

L'indigène à qui je posais cette simple question, me répond aussi simplement :

— Voir ce que vous faites.

Un Moï recruté par nous à Hon-Quan comme utilité est devenu une inutilité; il s'est affublé d'une vieille robe annamite en soie et se pavane en dandinant, s'abritant sous un superbe parasol blanc.

— Mais qu'as-tu fait du fusil de chasse que tu devais porter?

— Mon fils le porte.

Son fils surgit à nos côtés, porteur de l'arme réclamée.

— Ton fils, cet homme? mais il est plus vieux que toi.

— Oui, mon fils.

C'est un euphémisme employé ici, c'est le nom qu'on donne aux esclaves, car il y a encore des esclaves. Nous aurons à nous occuper plus tard de cette question.

Durant la halte, une joie.

Nous venions d'admirer aussi bien du palais que des yeux les ingéniosités dont Haï avait composé le menu, car un cuisinier de brousse fait souvent des merveilles avec rien, quand surgit un courrier.

Un courrier en brousse! mais on est toujours tenté de lui sauter au cou! C'était donc la joie du cœur après celle plus prosaïque de l'estomac! Notre joie anticipée n'était pas vaine; Sartor, un des plus jeunes et tout à la fois un des plus distingués attachés au Gouvernement général m'avait télégraphié de Saïgon à Bên-Cât que Baron était enfin en route pour nous rejoindre. De Bên-Cât, dernier poste télégraphique, le papier jaune avait rapidement cheminé jusqu'à nous dans la sacoche d'un milicien. Aucune nouvelle de service ne pouvait nous être aussi agréable que celle-là, c'était même presque une nouvelle de famille, car Baron, au Cap, venant chaque jour donner sa leçon d'annamite aux enfants, était à son tour considéré comme l'enfant de la maison. Faisons donc largesse d'une belle piastre au courrier et ma foi d'une fiole de champagne à la santé de Sartor et de Baron.

Mais tout cela, déjeuner, lecture du télégramme et même champagne ne prend pas beaucoup de temps et nous étions prêt à repartir... nos gens, nos bêtes ne l'étaient pas.

La sieste ne nous disant rien qui vaille nous flânons à travers les cases du village : nous découvrons un panier en fine vannerie auquel il ne manque pour être terminé qu'une minuscule bordure et nous sommes tenté de l'acheter.

— Veux-tu le terminer et me le vendre? dis-je à un Moï que je crois artisan du panier.

— Chez les Moïs d'en haut il faudrait six jours pour l'achever, chez ceux d'en bas quatre jours.

— Et chez toi?

— Celui qui le fait n'est pas là.

Rien de plus à obtenir, mais en dehors de la preuve d'insouciance qui s'étale, perce un de ces mille riens, qui, lorsque nous en aurons noté plusieurs milliers d'autres, nous permettront de poser le fait exact, vu et observé en pleine nature : le Moï a le respect absolu de l'individualité.

Qu'en dites-vous, messieurs les civilisés qui traitez les Moïs de sauvages?

Nous voudrions colliger d'autres molécules, mais l'interprète, «Monsieur» Tos, qui a toutes les prétentions, même celle d'avoir pris l'anagramme de son nom, est d'une nullité telle que nous devons y renoncer; nous lui arrachons cependant cette perle :

— Quelle est cette jeune fille?

— Elle est bien de son origine.

— Qu'entendez-vous par là?

— Qu'elle chique beaucoup de bétel et que ses vêtements ne sont pas trop sales.

Si l'orient n'en est pas limpide, la naïveté en est toutefois extrême.

Mais, « Monsieur » Tos — il se fait ainsi appeler par ses
« inférieurs » — mais M. Tos ne voit rien de ces Asiatiques,
il ne comprend pas, ne sait pas voir leurs mœurs, deviner
leurs idées; pourtant il a su se frotter un peu d'us et coutumes françaises, comme tout élève du collège Chas-
seloup-Laubat qui se respecte. Il connaît les mœurs
cambodgiennes, car il est originaire de Pnom-Penh,
il a pu saisir quelques traits des nôtres, mais ses yeux
restent clos, ses oreilles bouchées, son cerveau obtus en
face des Moïs.

Hier soir, avant de nous endormir, nous lisions suivant notre habitude quelques pages d'un livre de
France. C'était *les Lettres persanes*, et la fin de l'introduction nous revient à l'esprit :

« Il y a une chose qui m'a souvent étonné, c'est de
voir ces Persans quelquefois aussi instruits que moi-
même des mœurs et des manières de la nation, jusqu'à
en connaître les plus fines circonstances et à remarquer
des choses qui, je suis sûr, ont échappé à bien des Alle-
mands qui ont voyagé en France. J'attribue cela au long
séjour qu'ils y ont fait, sans compter qu'il est plus facile
à un Asiatique de s'instruire des mœurs des Français
dans un an, qu'il ne l'est à un Français de s'instruire
des mœurs des Asiatiques dans quatre, parce que les
uns se livrent autant que les autres se communiquent peu. »

C'est très juste, très bien observé, mais si Montesquieu
avait connu M. Tos, il eut pu continuer et faire un autre
parallèle entre Français et Asiatique observateurs d'autres Asiatiques inconnus à tous deux.

L'avantage revient alors au Français, car, si sa curiosité n'est pas supérieure à celle de l'Asiatique, il n'a pas
pour la paralyser, comme l'Asiatique, l'orgueil incom-
mensurable de sa race qui lui fait mépriser tout homme
d'une autre origine que la sienne.

L'Annamite se croit supérieur au Chinois, qui méprise l'Annamite; Chinois, Annamites, Cambodgiens, Laotiens, Siamois, Birmans ont tous cette taie sur l'œil.

— Ce soir, nous aussi, nous succomberons à la tentation du mépris; à la Sala vraiment peu séduisante et trop sale, nous préférerons l'abri de notre tente prestement dressée par nos petits tirailleurs.

Le convoi n'arrive qu'à 8 heures, c'est fâcheux, car les heures de nuit sont dures pour le sergent Féral, pour les tirailleurs porteurs de torches; nous pestons donc le soir contre les arrivées trop vespérales, comme le matin contre les départs antimatutinaux, le jour contre les haltes trop longues. Cependant sergent et tirailleurs sont allègres et prennent, l'un avec humour, les autres avec gaieté, leurs maux en patience. Aussi, entendons-nous toujours avec plaisir le carillon des clochettes des bœufs nous annonçant l'approche du convoi.

Le repas expédié, les observations échangées, les ordres du lendemain donnés, nous nous retirons sous la tente.

— Voyons si le livre de France, consolateur de l'heure lourde où la pensée, libre de sa cuirasse du Service, revêt le cilice d'angoisses en s'envolant vers le pays où souffrent peut-être les êtres aimés, voyons si le livre de France, en nous apportant l'anesthésiante attention, ne nous fournira pas encore un aperçu philosophique ancien, applicable au nouveau que nous découvrons.

Binh-Thanh, 13 février.

« Quand une chose peut être de deux manières, elle est presque toujours de la manière qui paraît la moins naturelle. »

François ARAGO.

En vertu de cet axiome que nous relûmes hier soir, nous revenons toujours à la manière la plus naturelle de voyager — pendant les heures fraîches — et nous ne nous mettrons encore aujourd'hui en route que sous l'ardeur du soleil, après neuf heures; nous devons rencontrer la série des An-Lam, villages assez peuplés, mais dont le climat malsain se trahit par une foule de malheureux ophtalmiques qui réclament des soins.

Nous ouvrons la pharmacie, nous faisons de notre mieux pour apporter quelque soulagement à ces infortunés, mais la présence d'un médecin est de plus en plus indiquée au poste d'Hon-Quan.

La résignation des patients, la reconnaissance qu'ils nous marquent avec une simplicité touchante sont les preuves de l'empire qu'un médecin prendrait chez ces primitifs.

Le premier occupant d'un poste-frontière devrait être un médecin; à lui seul il ferait pour la civilisation plus de besogne, et de la meilleure, que cent miliciens, ou que des administrateurs avec toute leur armée de scribes; mais, François Arago nous le dit, « on ne choisit jamais la meilleure manière de faire une chose. »

— La visite médicale aura duré plus de deux heures, car, en dehors des soins eux-mêmes, il faut expliquer aux clients ce qu'ils auront à faire les jours suivants.

Ce n'est pas seulement du collyre et des linges que nous devons leur donner, il faut leur prodiguer des doses de patience qui n'ont rien d'homéopathique.

Les braves gens nous récompensent d'ailleurs; je vois encore, au milieu du groupe, une bonne vieille qui, malgré la brûlure du remède, s'efforçait de sourire en nous marquant sa gratitude.

La pointe extrême que nous devions pousser au nord-ouest dans les cantons annexés aura pour terme An-Lam d'où nous allons redescendre en infléchissant un peu au sud pour piquer vers l'est. Notre gîte sera ce soir Brelam où nous arrivons à 7 heures, par une nuit noire.

Nous nous sommes égarés pendant quelques instants, tournant autour du village dans un labyrinthe de sentiers,

sans trouver la bonne issue que nous ne découvrons que
sur le tard.

Le guide, pris à parti, répond : « Moi, je marchais droit
devant moi, croyant que vous saviez où vous deviez
aller; moi, je ne connais pas le chemin... »

Le Doï milicien qui prétendait avoir reconnu la route,
suivait le guide...; nous, nous suivions le Doï...

Nous serions peut-être encore à tourner, si des gens
de notre bande, déjà rendus au village et entendant nos
voix, n'étaient venus avec des torches nous remettre dans
la bonne voie.

Le sergent, bien guidé, amenait son convoi en bon
ordre à 8 heures.

Brelam est un fort village perché sur un mamelon à
pente escarpée au pied duquel croupit un marécage.

Vers 1860, un missionnaire, le P. Azémar, y installa
une chrétienté où il vécut pendant six ans.

De son habitation et de son église plus de traces, de
ses semailles nul symptôme, le pou de bois a dévoré les
édifices, l'oubli a enseveli son nom.

L'empressement des habitants se continue, braves gens
dont nous ne chercherons pas à scruter le désintéres-
sement.

Plus tard, quand nous serons chez ceux que nous avons
mission d'étudier, nous serons peut-être moins philosophe et, à l'instar du médecin, nous tenterons de lever
tous voiles et de rechercher les mobiles des actes; aujour-
d'hui contentons-nous de l'apparence sans approfondir,
sans prendre de balances pour mettre dans un plateau la
spontanéité du sentiment, dans l'autre l'attrait de la
pacotille dont nos cantines sont farcies.

Ne nous sommes-nous d'ailleurs pas réjoui aujourd'hui
de douces illusions? Durant que notre cheval trottinait,
les mamelons boisés se succédaient les uns aux autres, coupés de temps à autre par quelque suoi. Et nous rêvions
à d'autres collines boisées coupées de clairs ruisseaux,

là-bas, là-bas... Illusion! dans ton prisme magique tu faisais dérouler devant nous des chers paysages lorrains et tu transformais pour nous un vieux village perché sur la colline en Longwy-Haut et celui de la plaine en Longwy-Bas, le suoi Dung-Neng y figurait la Chier!

— Notre bande compte aujourd'hui encore un éléphant, quelques hommes, des bœufs, chars et chevaux de plus.

Et comme les événements de la terre ne sont qu'un enchaînement de contrastes! les Moïs ouvrent de grands yeux pour mieux examiner les casseroles de Haï et les denrées qu'il y fait mijoter, tandis que nous, nous portons des regards investigateurs sur leurs marmites et les éléments bizarres qu'ils y fricotent. Ils inspectent nos chevaux et leur harnachement, nous contemplons leurs éléphants et leur bât; ils nous regardent, nous les regardons.

Mais bientôt les groupes des curieux s'éclaircissent pour se reformer en groupes de dîneurs qui se disloqueront encore pour se reformer une dernière fois de la journée en groupes de dormeurs.

La sentinelle veille, nos notes et la carte sont à jour.

Il est minuit, notre heure habituelle de retraite, allons nous coucher; encore un contraste de notre planète puisqu'en ce moment c'est en France l'heure du réveil.

14 février,

dit l'almanach, il marque même dimanche, qu'est-ce que cela peut nous faire? Pourquoi interrompre la vie? C'est bien un usage de la vieille Europe. La sincérité nous force à constater que la non moins vieille Asie pratique, elle, quotidiennement le déplorable usage de la sieste; mais, nous l'avons déjà dit, nous méprisons cette coutume de vieille femme. L'almanach n'a d'utile pour nous que l'indication des dates, et encore parce que le temps nous est mesuré, sans quoi il serait au feu depuis longtemps. Avant de fréquenter les Moïs, avant même de venir en Asie, j'avais conçu l'idéal du Moï! Pas de calendrier, pas d'horloge et je me promets bien d'en jouir quand j'aurai recouvré l'indépendance.

Puisque l'almanach dit que c'est dimanche, il faut le croire; d'ailleurs la horde qui grouille autour de nous : Annamites, Cambodgiens, Laotiens, Moïs, le troupeau d'animaux qu'ils mènent au ruisseau, bœufs bossus, buffles, éléphants seraient pour nos chères Parisiennes un fier spectacle dominical, d'autant que bananiers, arêquiers, bambous, cocotiers et rotins leur sembleraient un agrandissement des serres du Jardin d'acclimatation visitées le dimanche.

Puisque c'est dimanche, faisons largesse aux tirailleurs. Le chef du village, mandé, consent à nous vendre, sur pieds, un fort cochon; j'ai dit sur pieds avec un s, car il fait grand jour et le bougre trottine ferme en grognolant, faisant des feintes et des crochets si habiles que les Moïs qui veulent le capturer s'essoufflent et souvent trébuchent en laissant glisser la queue du cochon. *Deus ex machina*, surgit le sergent Féral, son Lefaucheux à la main. — Féral est un Nemrod dont la renommée, franchissant les confins du Cap où il garnisonnait, s'était étendue jusqu'à Baria... jusqu'à Saïgon. Tel Ajax lançait son trait d'une main sûre, tel Féral lance son plomb foudroyant. Il atteint double but... il tue le cochon rebelle, il plonge les Moïs dans une stupéfaction à laquelle succède bientôt une bruyante admiration.

Le cochon « servi », Tanh l'empoigne : Tanh est un des caïs (1) des tirailleurs. Durant une heure il va laver, gratter, ouvrir, découper, tripoter l'animal; c'est un spécialiste, un artiste, pensent ses subordonnés.

____

(1) Caï : caporal.

Mais bien que ce soit dimanche nous flânons trop, ce n'est pas la dernière séance de cet artiste que nous ayons à voir, nous lui ferons peut-être un jour les honneurs d'un plus long compte rendu.

Les malades d'ailleurs nous réclament, et secondé par le tirailleur Tien, nous allons à notre cabinet de consultations en plein air. Voici d'abord des promeneurs, des gens qui nous suivent, ils ont si bien festoyé qu'ils ont... besoin de quelques gouttes de laudanum — puis un lépreux — pourquoi ne pas diriger les infortunés de cette sorte sur la léproserie fondée naguère par le philanthrope gouverneur Rodier?

Mais... continuons l'examen de nos malades et cette besogne terminée, le repas expédié, mettons-nous en route.

Puisque c'est dimanche..., il est midi quand la colonne s'ébranle.

A 1 h. 30, nous trouvions sur notre route un fort beau village, Phuoc-Hoa, du groupe de Bu-R'deuil; une belle plantation de coton annuel — tiges 1 m. 50; — des fileuses, une tisseuse nous intéressent. Encore une lépreuse et aussi un homme atteint de cataracte, c'est un beau vieillard, à barbiche blanche, empreint de la dignité que la Provdence donne aux aveugles en échange de la vue; il est né, nous dit-il, l'année de Tu-Méo (1). Comme la lépreuse il sollicite nos soins. Hélas! nous sommes impuissant à guérir sinon à concevoir le retentissement lointain qu'amènerait l'heureuse issue d'une opération. La lépreuse à la léproserie, « Ratt », l'aveugle non incurable à l'hôpital, voilà les ordres que nous aurions rêvé de laisser! Nous sommes, en cantons annexés, spectateur impuissant et attristé.

En quittant ces misères, spectacle reposant de la grande forêt où s'élancent gigantesques Saos, superbes Câm-

____

(1) L'année du chat.

Laïs, Bang-Langs aux ramures puissantes, et autres arbres centenaires; au milieu de ces géants pittoresquement, féeriquement ornementés d'orchidées fabuleuses, croissent bambous et rotins, fougères arborescentes et arbrisseaux variés; des roches maintenant donnent un aspect plus sévère au paysage, ces quartiers de montagnes ont dû être les dernières éjaculations de la terre lorsqu'elle se tordit dans l'enfantement de la chaîne annamitique.

Mais la forêt devient peu à peu moins dense, une clairière, puis une autre, séparées seulement par quelques taillis frissonnants de bambous et nous voici au bord d'un marais, dont les eaux se cachent pudiquement sous un voile de lotus aux larges feuilles vertes irisées de bleu, au milieu desquelles se dressent fièrement les jolies fleurs aux pétales roses, aux pistilles jaune d'or.

Cent soixante mètres du sud au nord, 120 de l'est à l'ouest, 1 m. 50 de fond. Des Moïs nous attendent avec une pirogue, la traversée se fait en dix minutes. L'opération demandera du temps, car la pirogue n'emporte que trois hommes ou un cheval ou deux des chars du convoi qui nous a rejoints.

Les bœufs et les éléphants, dédaigneux des caïmans, s'élancent dans l'eau.

Tous les hommes étaient passés, quand un nouveau voyageur se présente à l'extrémité de l'étang : c'est un *tram* (1) qui vient nous annoncer l'arrivée de Baron et du médecin.

Ils arriveront bientôt derrière lui, car ils nous auront rejoint à huit heures au campement où nous nous sommes arrêté à sept heures. C'est dans deux cases en ruine de l'ancien village de Can-Rong que nous passerons la nuit. L'an dernier la fièvre décima la population et ceux qui échappèrent au fléau allèrent établir plus loin leurs pénates.

(1) **Tram** : courrier.

15 février.

Le médecin, qui a fourbu son cheval hier à notre poursuite, réclame du repos pour lui et sa monture, nous ne quitterons donc le campement qu'à 11 h. 35.

J'emploie la matinée à donner à Baron des instructions qui seront toujours suivies ponctuellement sans que la moindre observation trouve place; tout sera prévu avec méthode, avec esprit de suite par ce fidèle collaborateur dont le secours m'est précieux.

En quittant les ruines de Can-Rong nous traversons une belle forêt coupée de clairières et de marais, puis les grands arbres font place à la futaie et voici maintenant la plaine de Khanding; c'est une immense mer d'herbes, lisérée de bois, coupée de boqueteaux qui en dissimulent l'étendue et semblent la morceler en une longue succession de beaux petits oasis; un ruisseau assez large, qui en saison des pluies doit déborder et la recouvrir, la sillonne et y entretient vertes les herbes malgré la saison sèche.

Vers une heure nous apercevons une bande superbe de Con-Catons (1), deux mâles superbes, aux ramures puissantes, au pelage presque noir se détachent sur la couleur plus claire de la robe des biches et des faons, il y a une trentaine de têtes.

C'est l'occasion d'une chasse à courre à laquelle ne résistent pas nos jeunes gens et que nous aurions d'ailleurs mauvaise grâce à empêcher.

Voulant cependant maintenir un peu d'ordre, nous restons avec nos tirailleurs qui gardent le convoi.

Nous voyons alors un nouveau chef de canton se joindre encore à nous, avec ses deux chars à bœufs, ses gens et deux éléphants.

L'ardeur du soleil ayant triomphé de celle de nos

____

(1) Con-Catons : élans.

Nemrods, nous continuons l'étape et rentrons dans une nouvelle forêt épaisse et accidentée de roches.

A 5 heures nous sommes à Tong-Kuit où le convoi a déjà formé le parc, grâce à l'activité de Féral.

Tong-Kuit est fort bien situé sur un mamelon assez élevé, il est défendu par une triple enceinte et divisé en deux quartiers dont le premier est réservé au potentat du lieu, qui a donné son nom à sa résidence, le second à ses sujets.

La maison du chef est grande, spacieuse et se dresse sur de gigantesques colonnes qui lui donnent un aspect des plus curieux.

Le Tong-Kuit après l'hommage consacré du riz et des œufs, nous offre en cadeau un très bel arc accompagné de son carquois garni de flèches. Nos présents redoublent son zèle que nous devons calmer, car à le voir il dévaliserait sa maison pour nous marquer son contentement.

Nous profitons de ses bonnes dispositions pour renouveler nos provisions de riz que la horde qui nous accompagne, sinon malgré nous, du moins sans invitation, a mise à mal.

Le riz abonde, les femmes en pileront toute la nuit.

De coquets gourbis en bambous sont édifiés pour mes compagnons, des abris toujours en bambou reçoivent les tirailleurs, ma tente est dressée, nous travaillons.

Pendant ce temps la grande fête commence, il n'y avait pas eu de préparatifs, mais pour impromptue qu'elle était la réussite n'en fut pas moindre.

Cela commença par une hécatombe d'animaux : un bœuf, trois cochons, une cinquantaine de poulets, auxquels furent joints les poissons salés, le sel et le nuoc-man que j'avais donnés; les jarres de vin de riz, jointes à celles de chum-chum que nous avions offertes arrosèrent le repas pantagruélique dont le fond était d'immenses pannerées de riz cuit à l'étouffée.

Puis après notre repas à part préparé par notre maîtrequeue, et pris à part, le Tong-Kuit vint nous demander la permission de nous offrir un concert.

Les tirailleurs, toujours friands de réjouissances et toujours alertes, avaient fait des orgies d'illuminations : torches, bougies, lanternes étincellent et jointes aux lueurs des feux autour desquels festoient les Moïs, elles éclairent féeriquement le village et notre campement.

Notre petit groupe de Français, celui des tirailleurs, le grouillement de nos compagnons de route et l'ensemble des Moïs du village sur le front desquels se détache la troupe des sonneurs de gong forme un tout, heurté, coloré, bigarré, bizarre, émaillé, qui réclamerait le pinceau prestigieux et la palette divine d'un Teniers.

Le concert de gongs fort harmonieux a pour entr'acte l'arrivée inévitable, dans une fête Moï, des jarres à vin de riz.

Il me faut subir l'honneur et l'horreur de la première pipée. Puis les sonneurs de gong exécutent de nouveaux airs guerriers.

Un nouvel acteur entre en scène, c'est un grand diable de Moï, vêtu à l'annamite, à l'allure de capitaine Fracasse, qui vient débiter à grands renforts de gestes une mélopée aussi bruyante qu'interminable. Son succès est grand... auprès des Moïs.

Haï a préparé un punch à la grande stupéfaction de nos hôtes; ils hésitent à en boire, car ils voient toujours les flammes dans la bratina, mais quand nous avons nous-même porté un verre à nos lèvres, ils se risquent et bientôt leur coude se lève aussi haut que possible.

La fête fut couronnée par un feu d'artifice extrait de nos caisses. La joie des Moïs atteint alors le délire.

Cette fête n'avait pas eu le but unique de réjouir les Moïs annexés..., nous étions près de la frontière, l'effet en fut pratique. Dans la brousse les nouvelles sont plus rapidement transmises qu'à Paris par les demoiselles du téléphone. Le lendemain à Bu-Ton, premier village indépendant, la nouvelle des réjouissances de Tong-Kuit sera déjà parvenue et lorsque nous manderons le chef de Bu-Ton, il s'empressera de se rendre à notre appel.

La dernière fusée éteinte, nous retournons tranquillement à nos calepins durant qu'aux alentours les groupes font des commentaires qui demain, grossis, et les jours suivants, enflés, iront dans les villages... Légendes... Histoire, vous commençâtes ainsi.

Le 16 février, ———

— La journée sera pour nous scindée en deux : fin de la visite aux cantons Moïs annexés, entrée dans l'Hinterland.

Nghüorte, le chef de Bu-Ton, auquel nous avions envoyé un message, est à la porte de notre tente.

— Je voudrais aller dans ton village.

Le Moï jette un long regard sur tout le bagage que nous avons fait intentionnellement décharger, sa mine s'allonge, son regard durcit, il est anxieux.

— Il faut porter tout cela?

— Mais non!

Et sur un geste, les tirailleurs prévenus rechargent les charrettes.

— Tu vois, nous avons nos chars.

Le regard s'adoucit, la figure s'épanouit, la satisfaction fait place à la crainte.

— Venez alors, s'écrie Nghüorte et il s'élance sur son éléphant, partant en fourrier qui ne manque pas d'allure.

On part à 9 heures, et après avoir dévalé la pente du mamelon sur lequel est juché Tong-Kuit et traversé une futaie, on entre dans une longue plaine, sous l'herbe de laquelle on sent sourdre les sources. La piste sur laquelle

AU PIED DE LA YUMBRA — HALTE

A TONG-KUIT

nous marchons, débarrassée de son herbe, a été brûlée par le soleil et le sabot des chevaux y résonne, mais si l'on s'avance à droite ou à gauche on croit marcher sur des éponges, c'est la tourbe, c'est le marais.

Avant de quitter la plaine pour entrer dans un nouveau bois, nous jetons un regard en arrière.

Dieu! quelle suite..., quel cortège..., quelle bande!...

Tirailleurs au coquet uniforme, Moïs chefs de cantons affublés, les uns de robes annamites en soie de toutes les couleurs, les autres culottés de sompotes cambodgiens ou laotiens, villageois vêtus de loques bigarrées achetées aux mercantis chinois, Moïs plus intelligents au costume national, quelle mosaïque humaine!

Et puis, des chars, des bœufs, des chevaux, des éléphants; c'est une vraie troupe de cirque, car les singes moqueurs sont tout près, gambadant dans les branches des arbres voisins.

Quelle tapisserie de souvenirs déploie dans notre mémoire tout ce grouillement... quelles évocations de Vernet et de David.

Oui, aujourd'hui, Teniers devrait céder la palette et les pinceaux à l'un ou à l'autre, aux deux même, pour brosser cette *smala*.

Mais quel Commines, quel Dangeau dira pourquoi ces gens suivaient?

Pourquoi? Un jeune reporter du *Petit Parisien* nous le dirait.

— Les chefs de cantons —? pour faire hommage à leur chef, M. Guénot; les autres —? ..... Mon Dieu, ils sont frères, sans le savoir, des mitrons, télégraphistes et badauds parisiens qui emboîtent le pas à la musique d'un régiment, qui suivent un cortège, sans savoir pourquoi, oubliant leurs tourtes et leurs saint-honorés, leurs télégrammes et leurs petits bleus, leur bureau et leur boutique..., pour voir, pour entendre, pour muser.

Le monde est bien petit, et pour celui qui le parcourrait

sans scruter, il y a bien peu de nouveau, les hommes
qu'ils soient blancs ou noirs, bronzés ou cuivrés, chocolat
ou café au lait, se ressemblent tous et puisent fraternellement au fond commun de la bêtise humaine.

.   .   .   .

C'est heureusement la fin de... la promenade.

En arrière nous laissons les cantons de Thudaumot,
les Moïs annexés : entrons dans l'hinterland, allons vers
les tribus indépendantes.

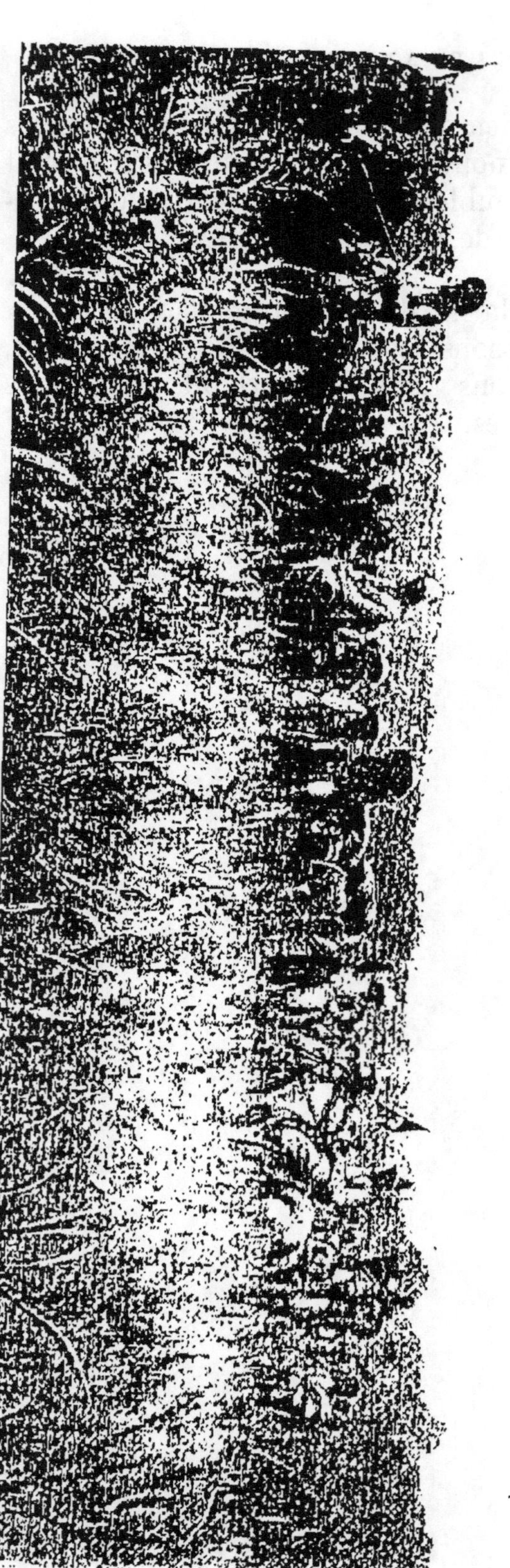

LA SMALA

CHAPITRE III

> On entendait au loin barrir
> un éléphant...

Nghüorte revient à notre rencontre monté sur son éléphant, pour nous guider vers les rives du Song-Bé où nous mettions pied à terre à 10 h. 15.

Un vrai décor d'opéra. La nature, cette suprême artiste, a, pour la première entrevue que nous allons avoir avec les « sauvages », grandement fait les choses : une vaste salle de verdure où la frondaison des grands arbres forme le dôme et les parois tout ornées et enguirlandées d'orchidées blanches et jaunes, roses et lilas; au fond, le bois et la piste qui indique la porte; devant, un tremblant rideau de bambous agités par la brise arrête les rayons trop ardents du soleil; une percée est une large fenêtre au travers de laquelle on entrevoit les eaux vertes et courantes de la rivière; deux grands arbres abattus forment le mobilier, sièges et consoles.

Au moment de notre entrée, Nghüorte se dresse et nous présente cinquante superbes gaillards accroupis en cercle : ce sont les hommes de son village réunis pour nous aider à passer la rivière.

Entre alors en scène notre acteur d'hier au soir, le chanteur aux poumons en soufflets de forge, Nhaï, qui séduit par les bombances des jours précédents, croyant que cela durera toujours, s'est proposé comme interprète annamite-moï. Nous avons accepté ses offres à titre d'essai, Baron éprouvera le sujet.

Nhaï traduit nos paroles de bienvenue et nous rapporte ensuite les souhaits qui nous sont adressés.

Tout va bien, les yeux d'ailleurs ont fait plus que les lèvres, les Moïs ouvraient grands les leurs et nous tâchions de leur faire lire dans les nôtres que la douceur serait notre arme, la patience notre bouclier.

Les paquets de tabac et de cigarettes, les boîtes d'allumettes font encore mieux.

L'entretien est terminé.

La scène change et sans sifflets, sans machinistes, le décor se renouvelle.

Le Song-Bé, aux eaux profondes, une coulée d'émeraude, passe majestueux entre deux berges élevées, couronnées de gigantesques bambous, il fait un coude en aval et se dérobe aux regards, alors qu'en face de nous sur un lit de rochers il cascatelle, glissant, bondissant, étalant, tel un magicien de féerie, des lames argentées ourlées de gouttelettes brillantes et endiamantées.

Les Moïs ont amené deux pirogues, elles servent d'abord à la sellerie.

Un gué est sur les rochers, les tirailleurs y font passer les chevaux, dont les Moïs ont une crainte salutaire; nous ne chercherons pas à vaincre ce sentiment : — *Timor Domini, initium sapientiæ* — ils respecteront toujours les chevaux et leurs cavaliers — cela est bon à savoir.

Les charretiers aidés des gens de Bu-Ton font dévaler les chars un à un et les remontent sur l'autre rive à grand renfort de cris et de rires.

Les bœufs se mettent gaiement à la nage. — Les éléphants se réjouissent du bain frais. — L'opération a demandé quarante minutes. — Nous passons les derniers en pirogue — 11 h. 40.

Les chevaux sont sellés, en route pour Bu-Ton.

A 11 h. 45, une grande masse noire se détache majestueuse sur l'horizon, son pic altier domine fière-

EN COSTUME MOÏ

EN COSTUME ANNAMITE

BU-TON — NGHUORTE

ment le dôme des forêts, c'est la Yumbra! Que nous réserve-t-elle? C'est l'avenir.

Pour le présent il est midi, — pied à terre, nous sommes arrivés.

Sur une éminence encadrée à l'ouest, à l'est et au nord d'une sombre muraille de haute futaie, Bu-Ton.

Grandes maisons, énormes greniers, vaste sala, cour immense; au sud la vue se repose sur un décor délicieux, la plaine herbeuse infinie, magiquement festonnée de futaie, le coup d'œil est charmant. La propreté, précurseur de la richesse, frappe tout d'abord. — Mais, mais, voilà des gaillards qui ont le sentiment du beau, qui ont le goût du site. — Rien ne choque le regard; dans cette plaine où l'œil se réjouit, pas le moindre CHOCOLAT MENIER, pas la plus petite MOUTARDE BORNIBUS ne vient insulter la rétine et crisper la pupille (1); mais, sauvages! les voilà les artistes! les amoureux respectueux de la nature!...

Nghüorte nous tire de notre contemplation et de nos réflexions, pour nous faire les honneurs de son domaine, il nous montre avec orgueil une riche collection de grandes jarres annamites et chinoises remplies de vin de riz. Chacune vaut quatre hommes, nous dit-il avec vanité...

Mais quoi? — En Europe, pour un pot-de-vin, on a la conscience d'un homme et l'homme reste libre. Ici, pour une jarre à vin, on a un homme, mais sa conscience reste intacte.

C'est une question de relations, d'interversion de facteurs, c'est simple, l'opération commerciale subsiste; on pratique l'une, on réprouve l'autre et pourtant la plus honteuse des deux... mais voilà, l'une est *civilisée*, l'autre, *sauvage*. Ne serait-ce pourtant pas le cas d'intervertir l'ordre des facteurs?...

(1) Il s'est heureusement constitué, en France, une *Société pour la protection des paysages*, qui commence à réagir contre ces procédés d'une publicité outrancière.

Pour le moment il ne s'agit ni de philosophie, ni de jarres, ni de pots-de-vin.

— Nghüorte, je voudrais m'en aller au soleil levant.

— Il n'y a pas de chemin.

— Je le sais, mais tu vas en faire un.

Nghüorte nous lance un regard tranquille, mais interrogateur.

— Voici : chaque homme travaillant à faire la route recevra, quotidiennement, un kilogramme de riz, un bol de sel, quatre poissons secs et, si je suis content de l'ouvrage, du Canat (1).

Nghüorte fait demi-tour comme un vieux soldat et s'éloigne au pas accéléré.

— Hé! pourquoi t'en vas-tu?

— Pour faire faire le chemin.

— Très bien, mais attends : on tracera vers le soleil levant, c'est bien, mais il faudra que la route soit large comme cela; et je remets à Nghüorte un bambou rogné par Baron à 3 m. 50.

Exit Nghüorte, ses dispositions paraissent bonnes, attendons le résultat.

Pendant ce temps, le sergent, exécutant ponctuellement les instructions, a fait former le parc et a cantonné tous les gens de la smala.

— Combien sont-ils, Féral?

Féral ne répond pas, il me présente une situation où je lis :

	MISSION	M. GUÉNOT	CURIEUX	TOTAUX
Français	4	1		5
Indigènes :				
Tirailleurs et canonnier	11	Miliciens 7		
Serviteurs	2	1		
Interprète et sa femme	2 } 37	1 }	11	44	87
Conducteur de chars	20	2		
Deux Moïs d'Hon-Quan	2			

(1) Canat : cotonnade rouge,

	MISSION	M. GUÉNOT	CURIEUX	TOTAUX
Chars......................	10	1	7	18
Bœufs avec bêtes de re-change	28	2	18	48
Chevaux	5	4	4	13
Eléphants	»	»	5	5

Si je suis tranquille à l'égard des tirailleurs qui se sont déjà montrés disciplinés, observateurs de la consigne et respectueux des habitants des villages visités, il ne me convient pas de voir troubler les indépendants par les annexés. Et, d'autre part, ce sont bien des bouches inutiles pour ma cassette personnelle. Nous avons hâte de congédier ces gens, mais les licencier individuellement ici serait peut-être dangereux : ils séjourneraient malgré nous sur nos derrières, pilleraient peut-être après notre départ et, vus avec nous, nous rendraient vis-à-vis des victimes responsables de leurs méfaits. Prenons donc patience, M. Guénot ne va pas tarder à rallier Hon-Quan, il ramènera avec lui ses administrés; mais en attendant nous veillerons sur eux...

Vers quatre heures, Nghüorte apparaît avec ses hommes.

— Comment, déjà fini le travail?

— Non.

— Mais voici tes hommes!

— Ça ne fait rien.

— Comment donc?

— Les autres travaillent...

— Les autres? Quels autres?

— Les gens de Bu-Riat, de Cam-Laan-Har I, II, de Bu-Tôt, de Bu-Trôm, de...

Nghüorte est bien de son pays, il a su se décharger de son travail sur d'autres.

M. Guénot, habile photographe tire quelques clichés.

Nous clouons sur un pilier de la sala, une plaque de fer-blanc — ainsi ferons-nous dans chaque village. —

Cette plaque porte, à l'aide de lettres et chiffres frappés
à froid, le nom du village, son altitude, sa distance d'Hon-
Quan, la date de notre passage.

ALTITUDE : 45 — 70 kilomètres d'Hon-Quan.

BU-TON

—

Mission Paul Pallé — 1904.

Nghüorle nous présente les femmes du village, vingt-
cinq environ et une vingtaine d'enfants.

Baron inaugure le carnet de recensement.

Le recensement est une opération presque impossible,
ou du moins demandant des ruses d'apache en pays
indo-chinois civilisé; nous essayerons durant nos reconnaissances, alors que les Moïs n'ont pas encore de
défiance pour l'inscription, nous essayerons de faire le
recensement. En même temps que le document pourra
servir plus tard à ceux qui viendront après nous, ce
nous est un moyen pratique et sérieux de dénombrer
la population, renseignement essentiel à fournir, au
retour, au Gouverneur. Le recensement ne comprend
que les hommes.

A titre de curiosité et pour donner un aperçu des noms
auxquels répondent les Moïs, nous transcrirons ici la
première feuille du carnet :

NGHUORTE, chef de Bu-Ton

Têrn.	Chi.	Múói.	Kule.	Tê.	Thack.
Ijón.	Ngói.	Dóòn.	Ting.	Xrê.	Iliéc.
Xanh.	Mŭck.	Hòle.	Bóau.	Méte.	Aite.
Túte.	Fólc.	Nga.	Ghóte.	Ndate.	Rót.

BU-TON — NGHUORTE ET SES HOMMES

Le contrôle est assez facile à établir. En se faisant inviter à visiter l'intérieur des maisons, on compte sans attirer l'attention le nombre de taques.

Les Moïs vivent, nous aurons l'occasion de revenir plus longuement sur la question, les Moïs vivent en famille, nombreux en général, dans une seule maison. Chaque ménage a son espace, parfois limité par une cloison de bambous, souvent il n'y a pas de cloison, mais chaque ménage a au pied de la natte où il reposera, une taque, sorte de plateau en terre battue maintenu dans un cadre de bois : c'est le foyer, c'est là que constamment brûle le feu, servant dans le jour à cuisiner ou à allumer pipes et cigarettes, dans la nuit à réchauffer le Moï frileux.

Une taque indique un ménage, par conséquent un homme : le contrôle est infaillible.

Nous voyons rentrer au bercail un superbe troupeau de buffles, à peine aperçus — 60, nous dit Baron, son œil exercé a vite compté les têtes. — Le renseignement est bon.

Nghüorte est un richard : magasins regorgeant de riz, vingt jarres immenses (à quatre hommes par jarre), soixante buffles, vingt bœufs, quatre bœufs trotteurs, deux chars, un éléphant!

Hum! c'est un bonhomme à surveiller. En nous faisant visiter la maison, nous avons admiré des lances aux fers bien brillants... Cette fortune?...

Je crois qu'ici, bien souvent, qui dit richard dit pillard. Nous verrons.

Naturellement les cantines à bimbeloterie ont été ouvertes, les femmes et les enfants gratifiés d'étoffes et de jouets, les hommes de turbans.

La journée s'achèvera par un concert de gongs qui nous est donné, et par une ripaille offerte par Nghüorte aux gens de la smala.

La nuit est étoilée. Vers l'est, une étoile scintille... Est-ce un heureux présage?

17 février.

— 8 heures du matin. La route est prête.

Nghüorte est devant nous, coupe-coupe à l'épaule, lance à la main.

— Déjà?

C'est la première fois que pareille surprise nous est réservée, allons, en route!

— Féral, le convoi est prêt?

— Non, les éléphants sont encore en bombe.

Ah! les monstres d'éléphants. Ils nous auront causé plus de misères qu'ils n'auront rendu de services. Dès l'arrivée au gîte leurs cornacs les débâtent et les lâchent, ils s'en vont alors par la forêt au pâturage, là où leur fantaisie les guide, où leur gourmandise les attire. Pour les retrouver, le tintement des clochettes suspendues à leur cou guide leurs conducteurs, mais il faut bien souvent des kilomètres avant d'entendre le tintement!

Aujourd'hui, la fantaisie, la gourmandise des éléphants les a entraînés hors de toute mesure, car on ne les ramène qu'à une heure.

Il est plus que temps que cela finisse!

A 1 h. 30, on part enfin. Après avoir suivi la lisière de la plaine, nous entrons en forêt, la vue de la piste largement tracée met en fuite notre mauvaise humeur.

Le travail est bien fait, la sape vigoureuse, le débroussaillement complet; mais la longueur? — un temps de trot nous l'apprendra. Nous ne nous plaignons pas de sa durée, c'est vraiment merveille, toujours, toujours la route s'étend bien taillée, bien déblayée. Nous avons parcouru une dizaine de kilomètres quand nous rencontrons un groupe de Moïs, coupe-coupe à l'épaule, revenant du chantier, ils nous saluent avec une dignité superbe; leur chef est un beau grand vieillard sur le visage duquel se lisent tout à la fois l'énergie et la douceur; ce sont les gens de Bu-Trom, c'est Fer, leur chef. Nous reverrons souvent ces braves gens et notre impression première, loin de se modifier, ne fera que se fortifier.

Nous poursuivons, et à 5 heures nous sommes au bord d'un suoi assez profond, aux berges escarpées. Inutile de le franchir, Boek-Clum où nous devons gîter est sur cette rive, à proximité.

Comment ses habitants ne sont-ils pas là?

Fer et ses gens paraissent embarrassés, honteux... Qu'y a-t-il?

Notre marche était assurément trop facile, notre satisfaction trop grande, il fallait un incident, un calmant.

Nous allons être servis.

Les explications de Fer deviennent de plus en plus ténébreuses, il blâme les gens de Boek-Clum.

— Allons donc, on ne veut pas nous recevoir!

Le doï des miliciens de M. Guénot, homme prudent et hardi, se propose comme éclaireur. J'accepte et lui retirant sa carabine, dont la vue pourrait effrayer les poltrons, je lui donne mon revolver avec ordre de ne s'en servir qu'en tirant en l'air, en cas de danger, pour nous appeler.

En vertu de cet axiome que le danger, soupçonné de loin, est parfois autrement grand que vu de près, les gens de la smala, qui nous ont rejoint, manifestent leur effroi par une consternation profonde; pour nous l'événement nous fait entrevoir, avant sa solution, ses suites satisfaisantes, nos suivants aiment bien la fête, mais non pas le danger, la séparation désirée sera donc facile et prochaine.

Mais un homme vraiment effrayé surgit, c'est le doï, droit, ferme, mais pâle, vert sous son masque de bronze,

— Le tigre, s'écrie-t-il, j'ai vu le tigre!

Les mains de ceux qui ont des armes se glissent vers la cartouchière.

— Non, il est parti, reprend le doï d'une voix plus posée.

— Et Boek-Clum?

— Désert. J'ai vu, lorsque j'arrivais à la palissade, les derniers hommes s'enfuir en emportant leurs armes; il ne reste que les vieilles femmes.

L'intrépide Nghüorte propose l'assaut du village; il en rêve probablement le pillage, mais nous mettons un frein à son humeur belliqueuse.

Les portes de Boek-Clum sont fermées, les habitants n'y sont pas, personne de nous n'y entrera; nous allons camper.

La position où nous sommes est défectueuse en cas d'alerte. En venant nous avons remarqué un grand ray où la moisson a été faite, on va s'y installer.

Notre marche en arrière n'est pas longue; à cinq cents mètres, nous trouvons le ray.

La nuit tombe, les feux sont allumés, nous attendons...

— Quoi?

— Le convoi.

Il arrive à 9 h. 30.

Le carré est formé à l'aide des charrettes, les bœufs sont parqués à une aile, les éléphants solidement attachés à une autre, les chevaux à la troisième, des feux sont allumés pour éloigner le tigre.

Au centre, un petit mirador d'où les villageois devaient veiller sur leur moisson nous servira d'abri.

Les charges indispensables sont défaites.

Une corvée escortée de porteurs de torches et de tirailleurs en armes va à l'eau.

De nouveaux feux sont allumés, les cuisines installées, le camp est en vie.

Une nouvelle émotion, agréable celle-là, un tram arrive porteur du courrier de France. Nous ne faisons qu'y jeter un regard, voyant à la fin la conclusion des nouvelles, bonnes ou mauvaises? — Bonnes heureusement. — La lecture complète doit être retardée, le plaisir doit céder le pas au travail, il nous faut faire la paye des bûcherons·

Chose promise, chose due; nous distribuons donc aux travailleurs ce qui a été spécifié et pour marquer notre satisfaction, nous ajoutons de larges gratifications en étoffes et bimbeloterie.

Nous nous préoccupons ensuite de la route pour demain.

— Ne vous inquiétez pas, disent en chœur Nghüorte et Nhaï.

Faut-il les croire? D'ailleurs, marquer une plus grande préoccupation serait perdre la face. A Dieu vat donc!

Installé dans un bât d'éléphant qui nous sert de corps de garde, nous commençons à la lueur d'un falot, la lecture du courrier, quand un bacchanal épouvantable se fait entendre : ce sont les éléphants qui viennent d'apercevoir les chevaux, les chevaux qui viennent de voir les éléphants.

La peur est mutuelle, les ruades, les coups de trompe cassent les traits et les amarres, les hennissements et les barrits déchirent l'air, les tirailleurs s'empressent courageusement.

Ce n'est pas sans peine que l'ordre est rétabli et les deux bandes ennemies réinstallées de façon à ne pas s'entr'apercevoir.

Les principes sont en général faits pour être violés, cependant nous respecterons, en particulier, cette nuit, celui que les latins ont formulé : *Si vis pacem para bellum.*

La sentinelle sera exceptionnellement doublée, la garde sera commandée par un Français.

M. Guénot est notre hôte, le docteur... un philosophe, laissons-les reposer. Avec Baron et Féral, nous serons trois à nous partager la corvée.

Souvent en brousse, au Siam ou au Laos, n'ayant pour compagnon qu'un fidèle Birman, perdu dans la forêt, nous avons dormi sur nos deux oreilles, malgré le tigre rôdeur et les rebelles maraudeurs, mais aujourd'hui nous avons charge d'âme, nous avons une bande qui, prise de panique, transformerait vite une alerte en déroute, il ne faut pas que nos débuts dans le pays soient marqués par une algarade, nous veillerons donc. ·

J'ai entendu un vilain mot... Non, ce n'est pas ce que pensent les esprits lilliputiens qui ont la détestable habitude de supposer leurs petitesses chez les autres... C'est de la prudence.

Bien que notre tour de garde ne soit pas venu, nous ne sommes pas tenté de nous endormir, la scène muette qui se joue maintenant dans le camp est trop belle; éclairée par les flammes des bivouacs, elle offre un coup d'œil féerique.

A la lisière, entourée de bambous au friselis discret, les grands arbres à la cime violemment éclairée, aux troncs sombres sur le fond noir desquels se détachent les voitures et les gens auxquels elles servent d'abri. Puis une ligne de foyers dont la lumière capricieuse, tantôt engrisonnée de cendres, tantôt rubescente de flammes donne aux ombres des sujets, des formes incessamment changeantes. Puis, les parcs des bœufs qui ruminent, des chevaux assagis, des éléphants, masses noires endormies, qui semblent de gigantesques statues fantastiques. Au centre, le mirador : à l'étage dorment paisiblement nos deux jeunes gens; au rez-de-chaussée veillent les tirailleurs. Tout autour, de nouveaux feux où se pressent les Moïs enveloppés d'un lambeau d'étoffe, ils se grillent sans mot dire : quand les pieds sont cuits, ils se retournent et présentent la tête au foyer. Les sentinelles vont et viennent silencieuses, leur silhouette se transforme sous les rayons des feux, se déforme sous l'ombre de l'obscurité, s'agrandit, se rapetisse; elles semblent tour à tour des géants ou des gnomes. Et puis le cher courrier de France qu'on a lu, qu'on relit, qu'on relira sans se lasser! Ainsi se passe notre tour de sommeil auquel succède sans secousse notre tour de veille. Un simple regard à Féral qui va s'étendre. Tout repose... C'est le grand silence, rassérénement des idées, repos de l'esprit, qui dissipe les soucis et apporte

CAMPEMENT DU ROI DE BOEK-CLUM

BAROS

le mépris des dangers, qui délasse le corps et chante à l'âme, c'est le Silence Oriental.

. . . .

Le coq sauvage a lancé ses trois cocoricos : sentinelle fidèle, il annonce le jour; l'Aurore Orientale, plus pudique que sa sœur d'Occident s'élance de la nuit, pour disparaître de suite, laissant à peine entrevoir sa rose tunique festonnée de vert pâle; le jour lui succède brutalement et l'implacable Apollon semble raser la Terre pour la brûler plus sûrement...

Fermons le calepin et sonnons le réveil.

Du 18.

Mais, encore un instant, durant que les hommes s'étirent. Le pic de la Yumbra se lève, écartant lentement ses grands draps blancs tissés de brume; il semble se dresser...

— La corvée d'eau! Allons les hommes au pansage!

La rêverie doit aussi plier son bagage, elle pourra le déplier à nouveau la nuit revenue, le jour est à l'action.

— La route est faite, dit Nghüorte.

— Les Moïs de Boek-Clum, annonce Nhaï.

— Qu'ils entrent! Ah!... qu'ils approchent, veux-je dire, puis qu'aujourd'hui il n'y a pas de porte.

Un plateau de riz dans les mains, le chef s'avance, suivi d'une vingtaine d'hommes. Il tremble, le pauvre diable, et déposant à nos pieds son hommage, il commence un discours.

« Ils ont eu peur... mais voyant — ils n'étaient pas allés loin — qu'on a respecté leur village et leurs biens, qu'on n'a pas brûlé la paille de leur ray » — j'avais hier soir donné l'ordre formel de la respecter — ils « sont au regret, ils demandent pardon et comme preuve de pardon demandent la faveur de courir en avant, au chantier, pour travailler à la route. »

— Allez! Et n'ayez plus peur!

— Baron, vous expliquez-vous comment les Moïs, bûcherons d'hier ayant dormi au camp, ceux de Boek-Clum étant restés sous les armes, la route peut être faite?

— Monsieur, je ne me l'expliquais pas moi-même il y a quelques instants, le même point interrogatif s'étant enfoncé dans mon cerveau, mais Nhaï vient de me tirer cette épine et de m'expliquer... que... le télégraphe a marché, le télégraphe Moï sans fils, celui qui marche toujours.

— Et qu'a-t-il pu transmettre?

— La distribution d'hier soir : riz, sel, poissons fins, canat, tabac...

— Assez, merci, mon bon.

— Et alors, les Moïs de l'avant ont travaillé. Vos ordres ont été donnés une fois, vos promesses tenues, je suis sûr, monsieur, que la route marche devant nous... plus vite que nous.

— Allons, 9 heures *sonnent...?* Oui, car j'ai poussé le ressort de ma montre. En route!

On franchit le ruisseau au bord duquel on palabrait la veille, on y fait provision d'eau, on grimpe, on gagne un plateau immense que l'on suivra sans accidents jusqu'au soir.

A 11 h. 15, de grands rays trahissent l'approche d'un village, voici d'ailleurs les habitants.

— Venez dans notre village, mais... nous vous en prions, n'amenez pas vos chevaux.

En disant cela, ils se tiennent à distance. Nous démontons l'objet de leur terreur et visitons leurs lares, puis nous regagnons un oasis où s'est arrêté le convoi, c'est un site merveilleux où nous déjeunons tout en devisant du passé, en jouissant du présent, en scrutant l'avenir.

— Nous continuons la route tracée dans un taillis de maigres bambous; l'ouvrage a dû ici être facile, car les vastes clairières se succèdent. Enfin nous débouchons sur une vaste carrière *Bo-Tranh-Ko, Plateau des Herbes sèches,* nous dit un Moï; c'est peindre avec précision et poésie, merci, mon ami.

Le camp de Châlons! les boquetaux de sapins sont remplacés par des taillis de bambous — oui, mais il y a en plus la Yumbra. Elle est là, devant nous, nous avions déjà aperçu son pic élégant; d'ici nous voyons sa masse profonde et sa base débordante, nous voyons au dessus et au dessous. Le plateau des Herbes sèches s'étale par 180 mètres d'altitude, le faîte de la Yumbra, nous le saurons dans quelques jours, pique vers 600 mètres.

Un village se devine au nord de notre point de station — les gens ne viennent pas, n'insistons pas — ils viendront demain et ce serait vraiment dommage de ne pas camper en si bon air, dans un site aussi calme, dans un paysage aussi grand.

En attendant le convoi, inspectons l'horizon. Le panorama est plus beau que nous ne l'imaginions, au-delà de la Yumbra se profile, laiteuse, du sud au nord, une longue masse de montagnes, la chaîne annamitique toute dentelée de pics. Entre la Yumbra et la chaîne des monts d'Annam, une forêt, une immense forêt, une mer de verdure.

Ce spectacle nous tire des cris d'admiration.

Le chef d'état-major de la nature est un chef qui a tout prévu, qui est obéi sans défaillance : ce matin nous entendions le coq, ce soir c'est le paon, sentinelle vespérale.

Proserpine s'avance sur son char, étendant ses voiles sombres sur le paysage qui charmait nos regards. Phébus, si fier et si audacieux ce matin devant la timide Aurore, a fui lâchement et subitement devant la Déesse noire, c'est la Nuit. Bientôt nos regards aveuglés durant le jour par l'astre brutal, se reposeront et distingueront toutes les gemmes dont scintille le manteau de la fille de Cérès, les étoiles brillent au ciel.

Un char est arrivé, ma tente dressée, d'élégants gourbis

de bambous abriteront nos compagnons. Mais une lueur nous attire,... vers l'ouest, pourtant, le soleil est couché... un incendie? Non, un cortège et le plus coloré cortège que j'ai jamais vu.

En tête, quatre tirailleurs, l'arme en sautoir, la torche à la main.

Cinq éléphants et leurs cornacs munis de torches.

Puis la file des chars, encadrée de deux cents Moïs portant des torches, se déroulant, serpentant sur l'immense plateau dans les méandres des massifs de bambous.

C'est... c'est féerique... l'admiration paralyse l'analyse : on ne songe qu'à voir...

. . . .

La gracieuse farandole, après s'être déroulée, s'est roulée, s'est tassée, c'est maintenant un carré bien en ordre : c'est moins poétique, c'est plus sérieux.

— R. d. n. (1) nous dit le sergent.

— Très bien, très bien, Féral.

Bô-Tranh-Ko, 5 heures matin.

C'est le réveil délicieux, la forêt et ses hôtes bruyants sont loin, c'est le réveil calme et tranquille, sans heurts ni clameurs, le réveil qui parachève le repos du sommeil. Le réveil brusque me laisse supposer la douleur que doit éprouver un fier coursier lorsqu'un coup de mors trop violent vient lui scier la bouche; le réveil de Bô-Tranh-Ko nous trouve tous debout et dispos.

A 8 h. 15, les éléphants défilent; à 8 h. 20, les chars et les piétons; à 8 h. 45, la cavalerie.

Avant de s'éloigner, on a cloué sur un arbre une plaque que nous retrouverons plus tard.

Le plateau s'étend encore pendant plusieurs centaines de mètres, puis, brusquement, s'infléchit violemment,

____

(1) R. d. n. : Rien de nouveau.

BÒ-THANH-KÔ

nous dégringolons à travers la forêt accidentée de roches; au bas, un beau suoi que nous traversons pour arriver à une grande clairière où nous ferons halte, 11 h. 05.

Nous sommes au pied de la Yumbra, et le repas expédié, alors que nous pourrions continuer l'étape, M. Guénot veut entreprendre l'ascension de la montagne...

Pour ne pas disloquer la colonne, nous suivrons, mais à regret, il est trop tard pour que nous ayons le temps de faire au sommet d'utiles observations, et la descente ne sera pas terminée avant la nuit.

Les Moïs vont nous rendre un nouveau service en cette occurrence. Alors que M. Guénot cherchait à en recruter comme guides, il éprouva les plus grandes difficultés, « ils ne connaissaient pas le chemin », « il faisait trop chaud », « il y avait un tigre dans la montagne », bref, les Moïs étaient rétifs. Cependant avec de forts cadeaux quelques-uns se décidèrent. Nous partîmes.

2 h. 30, la clairière, altitude 140 mètres;

2 h. 50, petite plate-forme, altitude 210 mètres;

3 heures, grande plate-forme, altitude 230 mètres.

Un mur se dresse devant nous, aucune issue...

« C'est le Génie de la Montagne qui ne veut pas qu'on aille plus loin », disent nos guides.

Voilà la cause de leurs réticences, ils ne veulent pas qu'on viole l'asile du « Génie » et, malins, ils ont su contenter le « Génie » et M. Guénot, ils l'ont guidé, mais dans un chemin qu'ils savaient barré par la roche.

Nous regardons un instant le panorama, puis, satisfaits de l'incident, nous dévalons rapidement; en dix minutes nous avons rejoint le campement.

Les éléphants sont encore effrayés par les chevaux, pourtant masqués derrière les bambous. Un Moï nous indiquant un sentier parallèle à la route qu'ils nous ont ouverte, nous le faisons prendre aux cornacs, durant que nous suivrons la grande artère.

A 5 heures, nous arrivons en face du village de Boek-

Corre; Irap, son chef, nous attendait. A notre vue, il fait un geste, les coupe-coupes de ses hommes se lèvent et la clôture du village est massacrée; c'est nous ouvrir ses pénates en grand seigneur; il a voulu que nous puissions entrer à cheval chez lui! (1).

C'est vraiment merveilleux, prodigieux.

En France, jadis, un grand seigneur fameux édifia pour fêter l'hôte qu'il recevait. Il n'eût pas démoli ses bastions pour l'honorer!

Que dire de ce grand seigneur « sauvage »?

Il vient maintenant nous saluer avec une dignité parfaite.

Ses gens, par ailleurs, s'empressent, la pente est escarpée au faîte de laquelle se pique Boek-Corre, elle est franchie rapidement par nos charrettes, les Moïs les soulèvent comme des plumes.

Bientôt, tous nos chars sont rangés dans le village, les chevaux au piquet, les bœufs au parc, les éléphants en un koral abrité : des bambous, des feuillages sont apportés et en moins de temps qu'il n'en faut pour l'écrire, une belle sala toute neuve est construite.

Les tirailleurs dressent notre tente, le pavillon est hissé.

— Vous êtes chez vous, me dit Irap (*textuel*).

Inouï!

Ma satisfaction est intense, l'échec, le terrible échec que je crois toujours suspendu au-dessus de ma tête, pourrait-il donc être écarté?

Nous ouvrons les caisses et la distribution des salaires et des cadeaux commence.

Ma surprise n'a pas de repos, je n'ai plus d'adjectifs pour la traduire... A chaque cadeau que je lui fais, Irap, après remerciements, se dérobe, puis vient, lui aussi, me faire son cadeau. C'est d'abord le plateau de riz et

---

(1) Dans quelques jours, Baron aura fait réparer les brèches et construire porte cochère et petite porte.

les œufs, puis un superbe coq, puis un canard; mais il ne s'arrête pas, il apporte maintenant un cochon!

Je dois calmer son zèle, car tout à l'heure sa générosité éclipserait la nôtre.

Cependant, au cours de la distribution, nous avons eu quelque étonnement : au nombre de nos cadeaux figuraient des sapèques et des petites marmites en cuivre, trois Moïs refusent les sapèques, deux, les théières.

Pourquoi? Ce soir, nous n'arrivons pas à savoir, nous verrons plus tard la cause de ces refus.

La distribution a commencé à 7 heures, elle ne prend fin qu'à 11 heures.

Il serait temps de dîner, d'autant qu'après nous avons forte besogne et maints détails à régler.

Demain, dislocation :

1º La smala, sous la conduite de miliciens, se dirigera vers le Song-Bé, au niveau de Phu-Trith, d'où chacun pourra regagner son gîte à sa guise;

2º M. Guénot ralliera Hon-Quan, nous l'y accompagnerons pour régler quelques questions administratives et ramener le gros bagage;

3º Le caï Tanh et quatre miliciens feront ouvrir une piste de Boek-Corre au Song-Bé, vers Phu-Trith et la suivront en ramenant à Hon-Quan les chars vides.

Quant à Baron et Féral, ils resteront ici avec cinq tirailleurs, Bé et Nhaï; ils reconnaîtront les environs et rechercheront un emplacement où nous puissions établir le premier poste de liaison avec Hon-Quan.

Et quand tous les ordres sont donnés, les détails réglés, nous pouvons enfin songer... oui, songer que c'est aujourd'hui en France le grand jour pour ma fille! Car minuit s'est enfui depuis deux heures, c'est aujourd'hui le 20 février!

En la chapelle des Invalides, ma fille Catherine sera mariée... et nous ne serons pas auprès d'elle avec sa mère!

. . . .

Le jour nous trouve encore debout, rêvant tout éveillé.

CHAPITRE IV

La smala est partie... C'est un cauchemar de moins.

Les tirailleurs convoyant les chars vides ont pris la route que les Moïs sont en train d'ouvrir.

A 11 h. 35, nous prenons congé de Baron et de Féral, tranquillisant le bon Irap qui se désole de nous voir partir, ce bonhomme veut donc toujours nous étonner?

M. Guénot, escorté de son doï, de son interprète et de son serviteur; le docteur qui tient à se promener; l'artilleur qui me suit, tel est le peloton qui va filer à grande allure, suivant à travers les bambous un sentier que les Moïs nous ont indiqué.

A 4 h. 20, nous étions au bord du Song-Bé.

Un annamite installé passeur sur la rive annexée, transporte nos selleries et nos personnes, les chevaux traversent à la nage.

A 5 h. 40, les bêtes bouchonnées, resellées, nous reprenons le train, mais si vite qu'il soit, il l'est moins que le jour qui s'enfuit et nous sommes gagnés par la nuit.

Pas de torches, des culbutes se produisent, les bambous nous accrochent, nous écorchent, il faut mettre pied à terre. Le doï qui nous guide prétendait connaître la route, car nous sommes rentrés en canton annexé, il nous égare. Nous avons allumé des bougies faute de mieux, elles s'éteignent.

Enfin, après mille petites misères, on entend le jappement des chiens; ce bruit est un meilleur guide pour nous; une lueur brille, c'est un village.

A 7 h. 20 nous y arrivons, c'est le hameau de Pi-Hac, du groupe de Phô-Doum.

Il était temps d'arriver, nous avons la figure en sang, les mains déchirées et les piqûres de bambous et de rotins sont cruelles, de l'eau fraîche n'est vraiment pas de trop.

Les gens de Pi-Hac nous reçoivent bien, mais rien de plus, pourtant l'administrateur, leur chef, leur maître, pourrait-on dire, est là.

Non, c'est calme, calme plat même. Nous sommes loin de l'empressement des indépendants.

La sala est immonde et souillée d'immondices; on ne nous en construira pas une comme à Boek-Corre!

Le chef de Pi-Hac nous invite toutefois à coucher dans sa maison.

Cinq mètres de large, soixante de long, vingt ménages, hommes, femmes, enfants grouillent là dedans. Nous y grouillons aussi puisqu'il n'y a pas d'autre abri.

Nous allons, avant de nous endormir, dîner. J'offrirai une bouteille de champagne, emportée dans les fontes, pour boire à la santé de mes enfants!

En France, à cette heure, la cérémonie doit être accomplie et famille et amis doivent être au lunch. Peut-être ma fille conservera-t-elle au milieu des mille riens que les jeunes aiment à garder en souvenir des jours heureux, peut-être conservera-t-elle le menu du repas de ses noces.

A titre comparatif, pour y être joint, envoyons-lui le nôtre :

Le 20 février.

Chalet de Pi-Hack.

MENU

Riz à la bambou (1
Saucisson d'Arles
Fromage de Hollande.

—

Eau de thé.
Eau de café.
Eau fraîche.
Tisane de Champagne.

Nous avions espéré pousser le raid jusqu'à Hon-Quan et n'avions, dans cette douce perspective, emporté aucune provision, ce qui prouve qu'il ne faut jamais s'embarquer sans biscuit et compter toujours avec l'imprévu.

Mais bast, la digestion sera plus rapide. A 10 heures la fête?... prenait fin, chacun rentrait... en soi-même.

21 février,

— 6 h. 45, à cheval, un temps de trot nous amène à Sroc-Djewé où M. Guénot règle quelques affaires, une seconde chevauchée nous fait dévaler sur la grande route de Stung-Treng au nord d'Hon-Quan; à 10 h. 05, nous entrons au poste.

C'est la fin de la visite promise à M. Outrey aux cantons Moïs annexés.

Cette tournée aura été trop rapide pour permettre de faire une étude, mais elle aura été trop longue à notre gré, car chaque jour qui s'est écoulé a été perdu pour la reconnaissance de l'Hinterland, le temps nous étant mesuré.

(1) Riz cuit dans un tube de bambou.

Si vite que nous ayons été, nous avons néanmoins vu et constaté bien des choses, noté bien des faits, cela nous permettra de formuler quelques remarques que nous joindrons plus tard à la cueillette que nous ferons dans les cantons Moïs annexés à l'arrondissement de Bienhoà, que nous traverserons pour rentrer à Saïgon.

HON-QUAN (SÉJOUR) - CHON-TANH

Du 21 au 26 février inclus, nous ferons à Hon-Quan un séjour coupé, le 25, par un raid en arrière jusqu'à Chôn-Tanh, pour régler des questions administratives qu'il est prudent d'avoir bien nettes avant de s'éloigner définitivement.

Ces journées seront employées à une besogne fastidieuse entre toutes, la comptabilité. Je n'ai ni chancelier, ni secrétaire, il me faut donc jouer moi-même de la règle et du crayon, mettre en ordre les registres, et, comble de l'horreur, « expédier » les copies pour l'administration.

A 7 heures du matin, le 22, un carillon de grelots et de clochettes, c'est le convoi de Boek-Corre.

Bravo les tirailleurs, bien marché!

Et maintenant il faut charger.

Le 26, ils repartent, les braves petits tirailleurs, escortant vingt-quatre chars qui emportent tout le bagage que nous voulons déposer au futur poste de liaison.

Enfin, le 27 au matin, nous remercions M. Guénot de son hospitalité et saluons le pavillon du poste d'Hon-Quan.

DEUXIÈME PARTIE

MARCHE DE LA YUMBRA

ITINÉRAIRE ET DESCRIPTION GÉNÉRALE DU PAYS

CHAPITRE PREMIER

D'HON-QUAN A PHU-TRITH

Nous commençons la véritable tournée; avant de regarder en avant, un coup d'œil en arrière : Que reste-t-il de la promenade, de la course au clocher que nous venons de faire?

Comment se permettre de parler des mœurs, comment tracer des caractères? Est-ce en arrivant pour coucher dans un village que l'on quittera au lever du soleil qu'il est possible d'étudier sérieusement les hommes, l'état des esprits.

Comment, en parcourant l'étape au trot, récolter les éléments géographiques?

— Que reste-t-il pour nous?

— Que reste-t-il chez les indigènes?

Pour nous, un aperçu d'itinéraire à refaire, quelques

photographies, des visions, des aperçus, des probabilités, des suppositions, c'est insuffisant, car l'à peu près est plus dangereux que l'ignoré, il incite à l'erreur.

Nous ne sommes pas venus simplement pour découvrir le pays, lever l'itinéraire, faire du kilomètre; nous devons surtout découvrir l'homme, lever le voile qui masque son caractère, faire du posé.

Et pour les Moïs, quel souvenir? — Celui d'une ripaille, d'un feu d'artifice. Ce sera feu de paille dans leur cervelle d'enfant.

Si nous devons chercher à les connaître, il importe autant de nous faire connaître, de nous faire aimer, de faire désirer la venue des Français; pour cela, il ne faut pas courir, il faut séjourner : c'est ce que nous ferons.

Le plaisir de la course, la fausse gloire du nombre pompeux des kilomètres ne mérite que notre dédain : nous allons stationner.

Regagnons donc rapidement la Yumbra. Ce sera chose facile, la route a été ouverte par les Moïs et les tirailleurs.

Partis d'Hon-Quan à 7 h. 25 du matin. Le docteur, « 29 » (1) et Haï, nous nous arrêtons à 10 h. 30, à Don-Taou, assez grand village où nous déjeunerons rapidement.

A 4 h. 30, nous sommes à Phu-Trith, sur la rive droite du Song-Bé, nous n'avons pu faire prendre le trot à nos chevaux, car la route est mamelonnée et coupée de nombreux suois. Aux pentes escarpées succèdent les montées abruptes au sol argileux glissant, les abords marécageux des suois; il a fallu aller au pas.

La nuit est trop proche pour que nous puissions gagner Boek-Corre; gîtons donc à Phu-Trith.

Puisqu'il faut faire halte, plongeons-nous dans la réflexion, grande chambre noire morale, où l'on peut sans

____

(1) « 29 »: L'artilleur dont le matricule est 1029, par abréviation « 29 ».

danger regarder les clichés dont l'objectif, l'œil, veux-je dire, a recueilli aujourd'hui l'impression sur les plaques encéphaliques.

Nous recevions le jour de notre entrée en campagne, l'invitation, gracieuse d'ailleurs, d'avoir à fournir, à une *Revue*, nos impressions de voyage, vite, vite, de suite!

D'aucuns, ne doutant de rien, eussent accepté l'offre flatteuse. Pour nous, nous la déclinâmes. Plus tard, plus tard, attendez, car nous pensons que traduire de suite ses impressions, sans les avoir dégagées des scories, lavées et essuyées, équivaut à développer des clichés photographiques en plein jour, au grand soleil.

L'impression vraie, sincère ne doit pas varier, dira-t-on, pour conserver sa valeur. D'accord, c'est exact, mais encore faut-il prendre des précautions, ne pas s'exposer au feu de la précipitation qui peut, comme le soleil, voiler l'image, celle qui doit refléter la vérité!

Versez un bain de méditation, plongez-y le cliché, c'est le meilleur des révélateurs; puis, quand l'image apparaît, virez-la dans un bain d'attention, le seul viro-fixateur qui ne s'altère pas.

Laissez alors tremper dans les eaux du Léthé, elles entraîneront toutes les scories, tout ce qui doit être oublié, surcharges inutiles, car la vérité doit être nue.

Prenez alors votre cliché, il est net et bien décapé par le temps; vous vous êtes scrupuleusement et honnête-ment gardé des retouches, mais vous avez aussi évité les voiles; vous pourrez maintenant, si bon vous semble, tirer des épreuves, elles pourront être bonnes... si vous êtes... bon photographe; le cliché restera toujours fidèle.

Vous voulez voir? Entrez, mais prenez garde, fermez-bien la porte, les clichés ne sont pas encore virés, nous en sommes au révélateur.

Regardez ce « feu? » Est-ce assez chaud, assez vigou-reux; et cette « forêt? » quelle profondeur, quel relief. Et ce « village? » avec les hommes, les femmes, les enfants, les poules, les porcs, les bœufs, les buffles, les chiens et même un chat, ça grouille! Que dites-vous de cette « pluie? » ne dirait-on pas le déluge? Et ce « clair de lune? » mâtin, est-ce assez clair?

Mais voilà le diable, des clichés c'est facile à prendre, c'est amusant, c'est le temps de tirer des épreuves qu'il est difficile de trouver.

Les sujets ne manquent pas, les clichés ne coûtent rien, mais le temps est une marchandise chère que le Devoir mesure parcimonieusement à l'homme pour son plaisir.

— Ecoutez!... Des coups de feu! plions vite bagage.

La rêverie est bien un bagage pratique de voyage, facile à caser, peu encombrant, se dépliant aussi vite qu'on la replie.

Les coups de feu espacés sont suivis d'un feu à volonté très nourri. Les indigènes vaquent tranquillement à leurs occupations ancillaires; ne nous étonnons donc pas plus qu'eux, mais tâchons cependant de savoir.

— « 29 »! coups de fusil?

— Non, bambous qui éclatent : là-bas, la forêt brûle pour faire un ray.

DU SONG-BÉ A BOEK-CORRE

Le 28.

Nous franchissons, en radeau, le Song-Bé aux rives escarpées et, comme nous aurons à revenir en ces parages, la planchette à la main nous filons rapidement aujourd'hui, traversant de nombreux suois que nous relèverons plus tard, puis une grande plaine, des escarpements, des dévallements, la forêt, des clairières.

11 heures. Un grand village, Boek-Corre. Le chef, un grand et fort gaillard, nous invite à nous reposer en une

sala vaste et propre; il nous dit avoir hébergé cette nuit le convoi et ne tarit pas en éloges sur les « seigneurs » tirailleurs qui, au lieu de prendre du riz, en ont donné, avec des poissons secs encore! C'est bien, ça, je note un compliment pour le caï Tanh qui a bien exécuté les ordres. Je note aussi l'étonnement du Moï : « On n'a pas pris de riz ». D'autres en prennent donc? Nous nous sommes bien gardé de poser la question au « sauvage », mais le point s'est enfoncé dans notre cerveau, à sa pointe interrogative pend d'ailleurs une certitude... Voilà pourquoi, d'habitude, le moï craint les visiteurs, et les fuit quand il ne peut les repousser.

On redevalle, on regrimpe, enfin voici la masse de la Yumbra, dont la vue restait cachée derrière le rideau des mamelons boisés; un galop, voici le pavillon! c'est le campement de nos camarades, 6 heures, pied à terre.

— Rien de nouveau, Baron?

— Si, et je vous attendais avec impatience.

— Quelqu'un de malade?

— Non, mais un incident... Le bruit court qu'entre Boek-Corre et Phu-Trith, un Moï a été tué d'un coup de fusil par un tirailleur. Ceux que vous m'aviez laissés ne m'ont pas quitté, ils sont donc hors de cause; ceux qui escortaient le convoi déjà arrivé il y a une heure, ont été sur-le-champ interrogés par moi, ils ne savent ce que cela veut dire; Féral a passé l'inspection de leurs armes et de leurs cartouches, les unes sont propres, les autres au complet. Dès ce matin, sur ma demande, Irap a envoyé deux hommes de confiance aux renseignements.

— En route, on ne nous a pas parlé de cela. Voilà néanmoins une complication ridicule. Si cette nouvelle, vraie ou fausse circule, le Moï va prendre la fuite à notre approche.

Nous attendons avec impatience le retour des émissaires. Rien de plus lancinant, de plus douloureux, de plus terrible que l'anxiété de l'incertain, nous préférons de beaucoup le danger soudain, avec lui au moins on est fixé et il a souvent ses joies, mais l'anxiété... non, elle empoisonne.

Heureusement, le soleil vient à peine de s'évanouir au-dessus du plateau des Herbes sèches qu'Irap arrive avec ses deux courriers.

— La nuit dernière, près de Phu-Trith, un milicien d'Hon-Quan, voyant une ombre s'avancer vers lui, crut à la présence du tigre, il déchargea son arme et blessa l'ombre légèrement au mollet, car il avait tiré non sur le seigneur tigre, mais sur un Moï. La blessure étant insignifiante, victime et amis en rient, paraît-il.

Baron a bien fait d'envoyer des Moïs aux nouvelles; à notre tour, nous prions Irap de les envoyer dès demain matin dans les villages environnants raconter la fin de l'incident.

C'est égal, messieurs les miliciens d'Hon-Quan ont le fusil un peu chaud.

Baron et Féral ont randonné, nous pourrons demain choisir l'emplacement du camp.

Maintenant il faut agir avec précision, avec économie de temps, toutes les minutes auront leur valeur, notre personnel est réuni, le bagage concentré, à l'œuvre.

CHAPITRE II

BOEK-CORRE. — LA YUMBRA

Séjour. — Reconnaissance des villages d'alentour.
29 février-16 mars.

Nous allons séjourner, mais il ne faut pas aller d'un extrême à l'autre et borner notre champ d'observation à l'enceinte d'un village, nous allons vivre en partie double, l'action et l'observation, suivies de l'analyse. Les matinées seront consacrées à des reconnaissances, à la visite des villages d'alentour; les après-midi, nous vivrons dans le village, observant tout de la vie de nos hôtes, vivant leur vie, recevant la visite des voisins; les soirées seront employées à l'étude de la langue et à l'analyse de la journée.

La nuit ayant porté conseil, nous voulons tenter de détourner les esprits de la pente fâcheuse où pourrait les entraîner le coup de feu du milicien d'Hon-Quan.

Nous allons donner une fête et convoquer le ban et l'arrière-ban des Moïs de la région.

Le plus vite étant le mieux, Irap lance tous ses hommes, dès le 29 à l'aube, porter nos invitations, lui-même se rend dans quelques villages.

Encore une fête, dira-t-on. Oui, il y en a déjà beaucoup, mais encore en devons nous une spéciale aux tirailleurs.

Nous avons quitté Saïgon au moment du Têt, fête religieuse... et païenne que tout bon Annamite doit célébrer sous peine de damnation et de déshonneur. Comme je ne voulais pas retarder le départ, j'avais promis aux tirailleurs de leur faire célébrer le Têt lorsque nous serions en route. J'avais, pour tenir ma promesse, emporté de Saïgon une caisse pleine des objets, des brimborions indispensables à la cérémonie : bouquets symboliques, fleurs en papier peint ornées d'arabesques en papier doré et rehaussées de plumes de paon, bougies de couleurs, papier pour brûler en l'honneur de Bouddha, baguettes d'encens et mille autres riens.

Nous ferons donc d'une pierre deux coups, notre fête sera politico-religieuse!

Nos courriers partis dans toutes les directions, commençons par exécuter notre programme journalier.

Nous visitons divers plateaux que Baron nous propose pour l'emplacement du poste, mais rien n'est décidé aujourd'hui, nous n'avons pu tout voir.

Il faut, par ailleurs, décharger et emmagasiner tout le bagage afin de renvoyer chars et charretiers. Hon-Quan étant proche où nous pourrons les requérir en cas de besoin; inutile de les garder, puisque nous stationnons.

On travaille donc jusqu'à 5 heures.

C'est seulement à cette heure que je livre aux tirailleurs leur caisse... de jouets, et comme le spirituel ne garnit pas l'estomac et que le principal d'une fête religieuse annamite est gastronomique, je les gratifie d'un fort cochon qu'Irap nous vend au plus juste prix.

Le caï (1) Than, grand sacrificateur, entre en fonctions, durant que le caï Laï, en véritable bonze, dresse et orne un autel.

Les vivres habituels auxquels j'ajoute des poulets et une jarre de chum-chum (2) vont permettre d'organiser un festin de premier ordre.

---

(1) Caï : caporal.
(2) Chum-chum : eau-de-vie de riz.

BOEK-CORRE — NOTRE CAMPEMENT

Tout en travaillant à la porte de notre tente, nous pouvons suivre du regard les apprêts.

Les Moïs de Boek-Corre sont rentrés et nous ont rendu compte que les invitations étaient acceptées.

Voici, d'ailleurs, les voisins qui arrivent par petits groupes, la hotte au dos, le coupe-coupe à l'épaule, la lance ou l'arc à la main; les uns ont amené leur femme, les autres leurs enfants.

Le village commence à se remplir; il regorgera tout à l'heure, car les groupes ne cessent d'arriver.

Nos tirailleurs sortent de leur sac une tenue propre, ils s'astiquent, se coiffent coquettement et nous les voyons s'avancer les uns et les autrse vers les Moïs de Boek-Corre; eux aussi font leurs invitations : Tanh, en sa qualité de plus ancien, invite Irap; Groon, frère d'icelui, est l'invité de Laï et chaque tirailleur choisit son invité : le festin commence. Laissons ces braves gens s'amuser librement, Féral, Baron, veilleront tour à tour à ce que le bon ordre ne soit pas troublé.

En dehors du groupe principal, d'autres se forment pour partager et déguster nos présents : poulets, poissons salés, riz, chum-chum.

Toute la moïerie de la Yumbra festine.

Que demande le peuple, quelles que soient la latitude et la longitude sous lesquelles il respire?

Les Romains l'ont appris avant nous : *Panem et circenses.*

La fumée du coup de feu du milicien d'Hon-Quan s'est envolée — on ne nous fuiera pas — la fumée des cuisines attirera vers nous. C'est peut-être prosaïque, c'est du moins pratique, ce qui est l'essentiel.

Tanh a consacré son cochon à Bouddha. Irap consacre le foie d'un poulet au Génie de la Montagne.

Avant de faire cuire le volatile, il a dévotement extrait le foie et l'a enfilé à la flèche d'un bambou qu'il a planté en terre face à la Yumbra.

Tanh adore Bouddha.

Irap, le Génie de la Montagne.

Et ils fraternisent tous deux à grand renfort de tranches de cochon et de bolées de chum-chum.

Venus ici pour civiliser, nous recevons des leçons de morale, de philosophie, de politique.

Féral a sorti trois fusées, un volcan et deux feux de Bengale. C'est bien peu et cependant cela suffit à déchaîner un enthousiasme quatorz-juilletesque.

Les enfants s'amusent, nous aurons peut-être bon temps. Dociles, ces grands enfants car, lorsque Baron leur transmet, à minuit, l'ordre de se reposer, tout rentre subitement dans l'ordre.

Nous n'avons pas entendu durant la fête une seule dispute, un seul cri de colère, nous n'avons observé aucune scène brutale, aucun geste fâcheux. Allons, ce sont de braves gens.

Donner journellement le compte rendu de nos observations est impossible. Avant de sertir, il faut tréfiler; avant de tréfiler, il faut forger; avant de forger il faut fondre le métal, pour le fondre il faut du minerai.

Ce n'est pas en un jour que la récolte permet la fusion, on n'a que des parcelles, des atomes, des molécules.

Il faudra bien des jours avant que le creuset soit plein d'où coulera le métal qui, forgé et tréfilé, cerclé en maillons égaux, s'enchaînant méthodiquement, pourra former un tout solide et sérieux rappelant l'enchaînement méthodique des faits et gestes de l'homme que nous étudions, des pensées, des idées qui le guident.

Nous nous bornerons à transcrire ici, en ce journal de route, les incidents, les anecdotes, les tableautins ou les silhouettes, laissant au temps le soin d'assembler assez de poussière de vie pour former la montagne d'où nous tenterons d'extraire le métal ductile et idoine aux conclusions.

De même, comme chaque jour sera consacré à la visite

d'un village, il est des détails qui sont quotidiennement utiles dans l'acte, inutiles dans le récit.

« Nous visitons un village », cela veut dire : Recensement, pose de plaque, cueillette de renseignements, photographie, cadeaux aux habitants.

Le 1er mars

Nous envoie pour nous saluer une vivante allégorie, Irap, la lance à la main, est sur le seuil de notre tente.

— Pourquoi cet appareil guerrier, Irap? Allez-vous en tournée.

— Non, je viens vous demander la permission de célébrer la fête du Paddy (1).

. . . .

Mon tympan a bien perçu et transmis, mais mon cerveau se refuse à comprendre.

Irap me demande la permission de célébrer la fête du Paddy.

Mais la fête du Paddy est un usage local, Irap est un homme libre, *indépendant*, et moi qui suis-je pour Irap? un étranger. Alors?

. . . .

Il faut faire un rude effort, pour réussir dans la brousse, le Français doit dépouiller le vieil homme, il lui faut dire adieu à l'exubérance, il doit se mettre un masque.

Mon étonnement, ma stupéfaction, mon ahurissement doivent laisser mon visage placide.

D'ailleurs, en l'occurrence, la surprise me rend heureusement muet.

C'est très bien, très asiatique et Irap attend respectueusement.

Baron, dont l'œil sourit sans que le masque bronche, me tire d'embarras.

____

(1) Paddy : riz non décortiqué.

— Vous permettez, monsieur?

Un battement de paupières lui répond.

— Allez, dit-il à Irap, le chef blanc le permet, et ajoute audacieusement Nhaï : remerciez-le!

Et le bon Irap, satisfait, se confond en remerciements. Il est parti... Nous pouvons nous débrider...

— Qu'en dites-vous, Baron? Il m'a demandé la permission!

. . . .

— Chevaux prêts, vient annoncer « 29 ».

Allons, la journée a débuté sous d'heureux auspices, fixons aujourd'hui la place où s'élévera le premier poste.

Nous filons à l'est, nord-est vers le Song-Bé; au pied de la Yumbra, sur le bord de la rivière, nous a dit Baron, un beau ray abandonné pourrait nous convenir.

— Oui, c'est bien. Nous sommes ici à l'extrémité nord du pays que nous avons reconnu, à la lisière de ce que nous ne connaissons pas encore, nous pouvons bâtir ici notre maison, elle aura deux portes et deux fenêtres, sur l'arrière et sur l'avant, nous pourrons entrer et sortir, étudier ceux que nous avons déjà vus et voir et être vus de ceux que nous n'avons pas encore visités.

Tout en étant point de liaison, le poste sera pointe d'avant-garde; c'est ainsi qu'il devrait toujours en être en pays fraîchement conquis, s'il reste encore du terrain à conquérir. Si au lieu de poser le poste au centre, suivant l'habitude, pour satisfaire à la commodité et ne pas contrarier la routine, on le plantait franchement à la frontière, tout en administrant, on gagnerait sans marcher du terrain, le débordement se ferait lui-même.

A être vu, on serait connu, comme on serait aimé et désiré, la conquête de quelques kilomètres serait faite, il n'y aurait qu'à reculer, telle une roulotte pacifique, la maison, l'œuvre se continuerait.

Ne nous plaignons pas aujourd'hui, on nous a confié

cette mission et elle nous charme; si l'on avait procédé
pratiquement, nous ne serions pas ici et ce serait dommage
pour nous.

Mais, comme l'intérêt du Pays doit primer notre plaisir
personnel, souhaitons que dans un avenir prochain,
tous les postes de Cochinchine et du Laos, du Cambodge et
de l'Annam limitrophes de l'Hinterland soient tous por-
tés à l'extrême frontière; ils avanceront tous, lentement
peut-être, mais sûrement, doucement et pratiquement,
et un jour qui n'est pas si lointain que l'on pourrait le
craindre, ces postes, roulottes de la civilisation, se rap-
procheront, se toucheront, se souderont et se fonderont
en un seul qui pourra alors, lui, être au centre, parce
qu'il aura lui-même débuté par chasser les ténèbres en-
vironnantes avant de devenir le foyer central de l'activité.

Oui, nous fonderons ici le poste et ceux qui l'habiteront
plus tard s'en trouveront bien, car, lorsque las du travail
précis, ils voudront se reposer, la vue la plus idéale qu'on
puisse rêver viendra rafraîchir leurs regards.

Au pied du plateau coule le Song-Bé. Nous descendons
sur la berge et longtemps nous restons muet, empoigné
par la grandeur du paysage, vision inoubliable : en amont,
un bief aux eaux vertes et profondes; vis-à-vis du plateau, un banc massif et plan à peine recouvert d'une
nappe légère d'eau qui s'écoule blanche et cristalline,
suivant en cascadant les sinuosités de la roche pour se
jeter mugissante dans une chute de cinq mètres, cirque
basaltique immense, cadre superbe aux prismes schisteux
de la grande cascade qui gronde; de hautes berges couronnées de bambous encaissent profondément, en aval,
la rivière qui, lasse d'avoir cascadé, d'avoir brillé, d'avoir
mugi, s'en va tranquille, sombre et silencieuse...

— Allons, les enfants! la chaîne, la boussole, levons
vite le terrain, tantôt Baron pourra faire les plans, dès
demain il faudra entreprendre.

A Boek-Corre, quand nous y rentrons, la fête bat son plein, parfait! Les Moïs sont nombreux et nous allons pouvoir embaucher pour nos chantiers.

C'est bien, amusez-vous aujourd'hui, bons Moïs, puisque demain vous travaillerez.

La fête dure tout le jour et tard dans la nuit, succession ininterrompue de bavardages, de pipées à la jarre de vin de riz, de causettes, de dinettes, de rires. Pas plus qu'hier, ni querelles ni rixes. Irap, dont nous gagnons la confiance, nous invite, nous reçoit dans l'intimité, nous présente sa femme et la fiancée de son fils qui, suivant l'usage Moï, habite sous le même toit que son fiancé — pas si bête que cela l'usage Moï — et le jeune gars ne pourra pas dire qu'il ne connaît pas sa femme quand il l'épousera.

Le soir, notre travail aura pour entr'actes sonneries de gongs, chants, pantomimes et ballet.

2 mars.

Féral, transformé en entrepreneur, part à l'aube avec cinq tirailleurs qui serviront de surveillants; ils ne rentreront que le soir au coucher du soleil.

Baron, l'architecte, viendra jeter un regard sur les travaux. Ainsi fera-t-on pendant la période de construction.

Les Moïs sont déjà au chantier. Aujourd'hui, débroussaillement, aménagement du terrain, préparation de matériaux.

On fait l'appel. Chaque chef de village le rend à Féral. Les Moïs ont une façon primitive de compter leur monde : l'un deux prend une brindille de bambou, puis, de mémoire, prononce le nom d'un homme et fait une coche marquant d'un pli sa brindille, un autre nom survient sur ses lèvres, nouvelle coche, nouveau pli sur la brindille; s'il a oublié quelqu'un, ses camarades

LE CAMP EN CONSTRUCTION

« JE RIVE LE COLLIER »

le lui rappelle et il fait la dernière coche à la brindille qui a fini par s'enrouler comme s'était enroulée dans son cerveau la liste de ses hommes, mais il redresse le brin de bambou, compte le nombre de coches, donne le total. Voilà, c'est simple. En France ne donne-t-on pas aux enfants des bouliers pour leur enseigner l'arithmétique?

Nous reconnaissons Bu-Nu II, les hommes sont au chantier, les femmes seules sont au village, notre visite est de courte durée.

Un cas de fièvre chez un tirailleur — les Français n'ont pas été encore touchés, grâce à la quinine préventive, — les Annamites feront comme nous maintenant et chaque soir il y aura distribution générale pour les jaunes comme pour les blancs, ainsi je décide malgré la Faculté.

3 mars:

— La Yumbra, altitude, 186 mètres à la base. A 9 heures nous sommes au sommet, 585 mètres, deux heures trente minutes ont suffi pour l'ascension.

Les Moïs connaissent maintenant notre respect de leurs coutumes, le foie de coq qu'ils ont planté en leur village, sèche encore sur sa fléchette de bambou, aucun des nôtres n'y a porté une main profane. Ils pensent donc que nous respecterons le Génie de la Montagne et nous ont de bonne grâce montré le chemin.

Mais, plus rebelle, la montagne nous dérobe l'horizon, son faîte est couronné d'arbres séculaires dont la ramure épaisse étend une ombre profonde, défendue par d'épais rideaux de bambou, il faut jouer de la hache, c'est le jeu moï par excellence.

Pendant qu'on travaille avec ardeur à la percée de l'est qui nous fera longue-vue, les tirailleurs construisent un abri de bambous, Baron pose une plaque.

Quand le travail des bûcherons sera assez avancé pour sonder l'horizon, il sera trop tard, la brume se lève au loin et nous dérobe la chaîne annamitique, mais si jalouse qu'elle soit aujourd'hui de nous dérober les montagnes, elle semble du moins, par sa forme opaque et nettement dessinée, du nord au sud, nous trahir la présence d'un fleuve : là doit couler le Dong-Naï.

Puisqu'il n'y a rien à voir, demi-tour ; avant de partir indiquons cependant aux Moïs les percées qu'ils devront faire demain aux quatre points cardinaux.

Tout le monde est là? Dévalons. En cinquante-cinq minutes c'est fait; tantôt d'un pied ferme, tantôt à « la Masséna », toujours sans accident, nous voici dans la clairière où le fidèle « 29 » nous attend à l'heure dite avec les chevaux.

Les travaux ont bien marché au chantier, nous dit Féral, les Moïs ont montré de l'entrain.

Bien, demain les tirailleurs devront construire un radeau dans le bief amont pour permettre de le reconnaître, ce que se propose de faire demain le docteur, qui préfère la géographie à la médecine.

Irap vient, après notre dîner, prendre un petit verre de rhum.

— Hé bien, Irap, le Génie de la Montagne nous est propice.

— Oui.

— Comment le savez-vous?

Irap reprend un petit verre, mais ne répond pas.

— L'avez-vous vu quelquefois?

— Non.

Et les questions continuent sans amener de réponses.

Bouddha est pour eux aussi noblement inconnu que Mahomet ou Jésus. Du reste, l'absence de tout édifice qui ressemble à un Temple ou rappelle une Pagode est notoire en cette région, il est donc manifeste que les Moïs n'ont pas de religion. Un vague sentiment de superstition, bien vague, bien flottant effleure leurs cerveaux, il est si vague, qu'Irap qui sait en d'autres circonstances très bien et très clairement exprimer des idées, traduire des pensées, reste muet ce soir.

4 mars.

— Féral et Baron sont au chantier, le Docteur sur le Song-Bé, je vais sortir seul avec Irap. Le plus étonné des deux n'est pas celui qu'on pense. Ma confiance le transporte, c'est, je crois, un coup droit pour capter absolument la sienne.

Et nous voilà partis à travers la forêt, Irap ne parle pas le français, je ne parle pas encore le moï, nous nous comprenons cependant.

J'ai déjà observé Irap, mais je n'ai pas d'avance sur lui, Irap m'a déjà étudié! Il sait que je rapporte des fleurs pour les herbiers, des insectes pour les collections, il m'en cueille, m'en attrape sans que je lui en aie fait la demande. Un accident du terrain survient-il, « Hieng », crie-t-il, et sa main semble calmer mon ardeur. Attention, prenez garde, veut-il dire, c'est vrai, j'allais culbuter, et ainsi nous cheminons.

Un bruit frappe l'oreille d'Irap, l'index sur la bouche il me regarde puis son regard scrute le fourré, « chirk-ké », sussure-t-il, je me baisse et j'aperçois une superbe bête; le Winchester a été fidèle, on peut causer maintenant elle ne courra plus, moïs et tirailleurs auront un bon gala ce soir, et moi un mot de plus dans ma gibecière; rien n'est bon comme les souvenirs pour fixer les mots, en me rappelant le « chirk-ké » d'Irap, je saurai maintenant que cela veut dire sanglier.

Mais la bête est lourde, allons chercher de l'aide me disent les gestes d'Irap et nous continuons jusqu'à un petit village, Boek-Roaï II, Tram, son chef, une connaissance, il me semble. Je n'ai pas appris le langage du noble abbé de Lespée, Tram non plus, mais notre mimique, nos gestes suffisent. Son coupe-coupe à la main, il semble abattre, tailler...

— Ah! sur la route, là-bas?

— Oui.

Irap parfait le reste, Tram et trois de ses hommes viennent avec nous et rapportent le « chirk-ké » à Boek-Corre.

Le soir, un incident nous attriste, avant de remonter le Song-Bé le Docteur s'y est plongé et l'onde étant fraîche, il s'y est désaltéré, imprudence double, car il avait la diarrhée depuis quelques jours. Ce soir c'est la dysentrie.

J'avais, à Saïgon, avant le départ, offert à mes compagnons la faculté d'acheter une tente comme la mienne, ils avaient refusé, préférant l'abri de bambous.

Aujourd'hui ma tente servira d'infirmerie, j'y transporte le Docteur déjà bien faible, il sera là plus abrité de la fraîcheur nocturne et du soleil journalier.

Nous veillerons le malade.

5 mars.

— La nuit a été mauvaise aussi nous ne nous éloignons pas trop, l'un de nous restera du moins de garde à la tente.

Un temps de trot, un regard d'inspection au chantier, le travail avance.

— Féral, les Moïs viendront ce soir à Boek-Corre toucher leur salaire.

Et je regagne en hâte le village. La fièvre du malade est intense... notre anxiété grandie...

Le soir Féral ramène les travailleurs, ils ont bien besogné depuis quatre jours, c'est assez, je ne veux pas les lasser et faire naître les défections, on va les payer et les licencier pour huit jours. Durant ce temps de nouvelles équipes qu'Irap a été recruter continueront le travail. Chacune quatre jours à tour de rôle, c'est une mesure dont nous nous trouverons bien par la suite.

La paye commence, elle durera longtemps et ne sera terminée que bien tard!

C'est que j'ai voulu payer en numéraire, en sapèques! opération facile à expliquer... dure à faire comprendre.

Secondé du patient Baron, nous déployons la patience la plus tenace, nous expliquons en remettant à l'homme que tout à l'heure il pourra, contre la remise de ses sapèques, acquérir à son gré, sel ou poissons, canat ou conrût (1), pipes ou tabac, miroirs ou coupe-coupes. Ça entre, mais au prix de quelles difficultés! Nous expliquons individuellement, mais tous groupés en cercle entendent; dix hommes viennent d'être payés, de recevoir l'explication, la même, dix fois la même, dix fois répétée, donc dix fois entendue par le groupe; au onzième nous tentons de donner les sapèques sans palabre, rien de fait! l'homme refuse les sapèques. Armons-nous de patience et recommençons l'explication, leur tête est dure, la nôtre aussi et nous verrons bien!

Il faut que l'idée de numéraire leur entre dans le cerveau!

Et dire qu'il y a quatre-vingt-sept hommes à payer! Quatre-vingt-sept grains de ce nouveau rosaire à égrener.

Est-ce Mercure qui a composé cette litanie?

Elle manque de charme.

Un homme payé, Baron coche son nom sur l'état en disant : « c'est fait ». Il me semble qu'il murmure : Amen.

Quatre-vingt-quatre, quatre-vingt-cinq, ah! plus que deux et ce sera fini, ouf!

Trop de hâte, bonhomme...

— Quatre-vingt-six! « Mûle », de Boek-Morre.

_____

(1) Conrût : fil de cuivre.

— « Œil » (1).

— Voici tes sapèques, avec lesquelles tu pourras acheter tout à l'heure...

— Je ne veux pas de sapèques, interrompt brusquement Mûle, je n'ai pas entendu me louer. J'ai bien voulu travailler pour vous faire plaisir, c'est un cadeau que je vous fais!

Et Mûle se retire.

Tiens, il y a des mauvaises têtes partout, mais elles se calment dans l'un comme dans l'autre hémisphère... avec du calme, de la patience.

— Hé! l'ami!

Mûle s'arrête dans sa retraite.

— Tu as voulu nous faire un cadeau, c'est très bien et je te remercie, mais si moi aussi je voulais te faire un cadeau?

— Vous êtes libre, concède Mûle vaincu, je l'accepterais.

— Eh bien, attends que je paie le quatre-vingt-septième et je te ferai cadeau d'étoffe ou de fil de cuivre, de sel ou de tabac, à ton choix.

Ainsi se termina le petit incident. La paye aussi fut close, mais non la tâche.

Il nous fallait changer de veste, troquer celle du caissier comptable contre celle du marchand, fermer la caisse, ouvrir les ballots et les cantines, faire l'étalage!

Vendre deux sous de sel ou quatre sous de poissons, une brasse de canat ou quatre de fil de cuivre, un miroir ou un peigne, des perles ou des trompettes!

. . . .

On peut se laver les mains? se reposer?

— Non. Féral! le thermomètre?

— La fièvre monte...

On veillera donc...

(1) Œil : présent.

Heureusement, dans la nuit, le malade s'assoupit et le 6 au matin il repose tranquille.

Pour ne pas succomber au sommeil rien ne vaut une chevauchée, puisque le malade repose, allons au chantier voir la nouvelle équipe.

— Elle marche aussi bien que la précédente, nous dit Féral; et les petits tirailleurs travaillent avec ardeur, maniant la hache et la vrille, le marteau et le ciseau à qui fera le mieux, la pioche et la pelle à l'envi.

Ça prend tournure, sur le front de bandière nord la case qui nous abritera tous quatre; à l'est, en potence, une longue enfilade de constructions, les magasins, la cuisine, les écuries, la travée réservée à l'interprète Moï et le quartier des tirailleurs; à l'ouest, leur faisant face, vont s'élever la sala pour les Moïs, l'étable pour les bœufs des charrettes quand il en viendra, celle des buffles, la porcherie, le poulailler. Au centre une vaste esplanade au sud de laquelle coule le Song-Bé.

Nous féliciterons en rentrant l'architecte, en attendant complimentons l'entrepreneur Féral, les charpentiers, nos bons petits tirailleurs et aussi les Moïs.

L'architecte est penché sur la carte, dont on peut déjà expédier, en copie, la première feuille à Saïgon.

Quel zèle déploie ce bon Baron, et avec quelle simplicité!

— Mais arrêtez-vous, Baron, venez vous reposer... en reconnaissant avec moi le suoi Rap.

La journée a été bonne pour le malade, la température a baissé, elle ne monte pas le soir.

Et, après le dîner, Irap revient contempler la bouteille de rhum.

Il va nous conter une histoire.

Dans les romans il y a toujours comme préambule un cigare qu'allume Gontran ou Guy avant « d'y aller de la sienne », celles d'Irap sont toujours précédées de l'absorption d'un petit verre.

D'ailleurs, comme un conte français, son histoire moï
va débuter par le classique, l'universel : Un jour...

Donc ce soir, Irap ayant dégusté son petit verre de
rhum, s'assit sur un bout de bambou et nous dit la
Légende du crocodile et du chien.

Légende du crocodile et du chien.

« Un jour, un chien, poursuivi par un tigre, arriva
au bord du Song-Bé — dans ce temps-là le chien ne
savait pas nager (1). — Son émoi était grand, il voyait
sa mort bien proche, un crocodile qui se chauffait sur
la berge, au soleil, le prit en pitié et lui dit : Monte sur
mon dos, je vais te transporter sur l'autre rive et tu seras
sauvé. La proposition est aussitôt acceptée, le chien
s'embarque sur le dos du crocodile qui nage à fleur d'eau,
le tigre arrive et s'arrête plein de rage — lui non plus,
en ce temps-là, ne savait pas nager (2) — le chien fait la
nique au tigre qui reste quinaud. Mais le chien est un
farceur, revenu de sa frayeur, il songe à jouer une farce
au crocodile et se met incontinent à déposer ses ordures
sur le dos de son bienfaiteur. Arrivé à l'autre rive, il
saute, gravit la berge et, à distance prudente, se gausse
de son sauveur. Le tigre ricane, le bon crocodile ne comprend rien aux éclats de rire, mais sa femelle lui révèle
l'ingratitude du chien. Furieux, le crocodile déclara
coman (3) au chien. »

Et, ajouta Irap, le coman de ce temps-là tient toujours,
il est bien rare maintenant qu'un chien puisse traverser
le Song-Bé sans être happé par un crocodile.

(1) Rien n'arrête un fabuliste, pas plus sur les rives du Song-Bé
que sur celles de la Garonne.
(2) *Ibid.*
(3) Coman : vendetta.

— C'est bon à savoir. Si nous étions contraint de traverser la rivière à la nage, nous nous ferions précéder d'un chien, cela occuperait le crocodile.

Nous avons respecté fidèlement les paroles du narrateur, Baron qui pioche ferme dans ses moments... perdus — combien il en perd peu le fidèle collaborateur!

— Baron qui pioche ferme le moï a pu serrer de près la traduction de Nhaï, souvent endiguer sa prolixité, nous croyons donc offrir ici la traduction fidèle de la légende du crocodile et du chien, petit document qui peut servir à l'esquisse du caractère du Moï dont la simplicité n'exclut pas la finesse. Nos petits-enfants ou arrière-petits-enfants liront peut-être plus tard la *Légende du crocodile et du chien*, savamment commentée et doctement annotée par le Larroumet ou le Faguet de l'avenir.

Le Docteur est mieux et repose, un tirailleur dévoué sera cette nuit garde-malade. Reposons à notre tour.

. . . .

Si grand que soit le besoin de repos du corps, le sommeil est toujours long à venir, car les soucis de la tâche déposés, si tant est qu'on le puisse faire, les soucis familiaux se lèvent alors que l'on se couche. Comment vont-elles? Un accident ne serait-il pas arrivé? Ah! je ne souhaite pas à mon pire ennemi un supplice plus cruel, un égal suffit pour torturer un homme.

. . . .

Cependant la Providence est toujours pitoyable et nous nous sommes endormis.

Le sommeil est-il « l'image de la mort »? Non, car endormis nous pensons encore.

— Une idée nous trotte par la tête.

— Quelle idée — nous ne savons — mais elle trotte, elle remue. Elle bat si bien comme un battant de cloche à droite, à gauche, sur les parois de notre cerveau, qu'elle nous éveille.

L'éclipse...

L'éclipse!

Outre! nous sommes debout.

Nous cherchons les vieux journaux arrivés par le dernier tram, en brousse on lit, on relit chaque jour les lettres des aimées, celles des rares amis qui restent fidèles, mais les journaux... ah! bien, on a d'autres... distractions.

Mais ne médisons pas aujourd'hui des feuilles publiques qui ont annoncé l'éclipse; introuvables ces feuilles.

Tant pis! Baron, l'inlassable, vient de s'endormir, réveillons-le, il lisait hier les journaux.

— Baron!

— Présent.

— Pardon, mon bon ami, sauriez-vous où sont les journaux?

Baron qui a répondu d'une voix forte « présent », dort encore le pauvre diable, il se frotte les yeux...

— Les journaux? Ah! vous y pensez, ils sont sous la planche à dessin.

— Bien, merci, excusez-moi, dormez.

Et nous les tenons les journaux, et nous cherchons... l'éclipse. Enfin voici!

C'est la *France d'Asie*. L'éclipse : 17 mars, bonne *France d'Asie*!

Mais un typographe ne se serait-il pas trompé de casse? le 7 voisine si bien avec le 5 et le 6, le 3 et le 9... doute cruel.

Vite, un autre journal.

Ah! le *Courrier Saïgonnais*... ???

Brave *Courrier Saïgonnais*, vous fûtes dur pour nous jadis, cependant nous ne vous traitons plus cette nuit de « feuille publique », mais d'organe de la science!

Et la sage *Opinion?*...

— C'est ça, c'est bien ça.

Nous sommes éveillés et pourtant nous avons entendu une voix...

Baron est debout, la *France d'Asie* à la main.

— C'est ça, c'est bien ça, murmure-t-il.

— C'est une bonne idée, ajoute-t-il, et il va se recoucher.

Diable d'homme! C'est une bonne idée. Pourquoi dit-il cela? Je ne lui ai rien dit.

Mais nous tenons la date. C'est le 17. Allons, cette fois nous pouvons dormir.

7 mars.

L'aube apparaît mais tout est silencieux, les Annamites bruyants sont pourtant déjà debout et quelques Moïs aussi, mais respectueux les uns de la consigne, les autres du malade, ils se gardent de tout éclat, de tout bruit. Le Docteur dort encore, c'est bon signe.

— Tien, la nuit?

— Bonne.

Tien est le plus intelligent de tous les tirailleurs, il parle correctement le français et surtout le comprend à merveille, c'est lui qui a veillé le malade.

— Tien, vas te reposer, mais, auparavant, appelle Irap, dis-lui de venir me parler.

Baron se frotte les mains.

— Oui, c'est une bonne idée, dit-il.

— Mais, voyons, Baron, quelle idée?

— L'éclipse, monsieur, l'éclipse.

Irap arrive, flanqué de Nhaï.

— Irap, j'ai une grande nouvelle à annoncer aux Moïs, une grande et bonne nouvelle. La récolte de riz sera grande cette année.

Tu vas aller toi-même dans les villages, tu enverras tous tes hommes dans d'autres, aussi loin que possible, dire aux Moïs qu'ils se trouvent tous au camp, demain matin. Tu peux leur dire aussi que je veux leur annoncer une bonne nouvelle... leur faire une distribution de sel.

La bonne nouvelle rencontrerait peut-être des sceptiques, la perspective du sel les convaincra.

Irap se retire, se met en tenue — ce qui n'est pas compliqué — donne des ordres, les Moïs de Boek-Corre s'égaillent comme une nuée d'hirondelles...

Le courrier arrive. Il repartira bientôt, il faut lui préparer la sacoche.

Nous demandons à Phu-Trith des chars pour transporter les bagages de Boek-Corre au camp qui va être prêt à nous recevoir.

Le Docteur, éveillé, se tâte, se sent sinon bien, du moins beaucoup mieux, il se signe un billet d'hôpital pour Saïgon et décide qu'il pourra partir bientôt.

En conséquence, j'informe l'Administrateur délégué à Hon-Quan et le prie de nous envoyer d'urgence un bon char, bien garni de bons matelas et escorté, si possible, du doï et d'un milicien.

Les rapports, la correspondance sont clos, la carte glissée dans un bambou. Le tram part.

Les tirailleurs vont au chantier, Féral, qui a fait son courrier de France, s'apprête à les rejoindre à cheval.

Trois coups de feu résonnent! Trois autres!!

— Les tirailleurs sont attaqués, s'exclame Féral, et déjà son cheval enfourché, il est loin, quand « 29 », narquois, nous dit « bambou ».

Nous croyons « 29 », mais lui donnons néanmoins l'ordre de seller et nous aussi, laissant Baron à la garde du campement, nous galopons vers les tirailleurs.

C'étaient bien les bambous gonflés d'humidité nocturne qui éclataient aux premiers feux du soleil; mais, nous expliqua Féral, les trois détonations successives et répétées simultanément répondaient bien à l'emploi du chargeur de trois cartouches dont sont munis les tirailleurs.

C'est vrai, il faut cependant conclure.

— Plus que jamais, Féral, apprenez à ne pas vous

fier aux apparences, pas plus en ce pays qu'en d'autres.

Pauvre Féral, modèle des sous-officiers, il a tremblé à la pensée que ses tirailleurs couraient un danger et qu'il n'était pas là.

Nous rebroussons pour aller renseigner le Docteur et emmener Baron avec Nhaï faire une tournée, et nous allons reconnaître Bu-Chol et Bu-Ru, sur la route de Buton.

8 mars.

L'état du Docteur s'améliore rapidement, toute inquiétude peut dorénavant être écartée.

Au camp! au camp! on doit nous y attendre.

— Oui, les Moïs sont là. Sur les fronts les tâcherons travaillent. Au centre grand meeting.

Le groupe compact s'écarte, nous pénétrons, le cercle se forme.

— Mes amis, je vous ai rassemblés pour vous annoncer une bonne nouvelle :

La récolte du riz sera superbe cette année, c'est l'abondance, je vous le dis.

Je le sais et voici comment :

Toutes les années où une éclipse de soleil se produit la moisson est merveille, les greniers regorgent de grain.

Or, cette année, ce mois-ci, il y aura une éclipse de soleil, je le sais.

Quand vous aurez dormi neuf nuits, revenez ici et vous verrez l'éclipse.

Ce jour-là, quand la nuit cessera, le soleil se lèvera, mais quand il sera au-dessus de nos têtes, l'ombre commencera à le voiler peu à peu : le temps de cuire une marmite de riz, il sera complètement recouvert, puis le temps de cuire une nouvelle marmite de riz, le voile qui le recouvrait s'écartera, se déchirera lentement et quand une troisième marmite de riz sera cuite l'astre brillera comme avant.

Allez! réjouissez-vous, car, je vous le dis, la récolte sera bonne et revenez ici quand vous aurez dormi neuf nuits, vous verrez l'éclipse.

Les Moïs ont écouté religieusement, nous sortons du cercle et les groupes se reforment, ils restent là tous, commentant la nouvelle.

Nous nous éloignons et allons reconnaître, sans y entrer, puisque les habitants sont au camp, le village de Bœ-Morre.

9 mars.

L'amélioration de l'état du Docteur continue heureusement, mais il ne peut encore s'occuper des malades, il ne pourra d'ailleurs pas le faire jusqu'à son départ.

Nous le déplorons, car, nous l'avons dit, mais nous ne saurions trop le répéter, le médecin devrait être le plus utile agent d'une mission telle que la nôtre.

Il nous faut nous appliquer, non à le remplacer, notre ignorance en médecine nous éloigne de cette prétention, mais essayer, à sa place, de soulager ceux qui souffrent; nous ne devrons pas seulement les attendre, mais les rechercher, car le mal physique est timide et a sa pudeur aussi grande que le mal moral.

Nous devrons toutefois — à notre grand regret — nous abstenir et précisément dans les cas où une intervention serait aussi utile au point de vue pathologique qu'efficace au point de vue politique, mais une erreur entraînerait dans l'un et l'autre cas des catastrophes pires que le mal lui-même.

Nous ferons de notre mieux, c'est tout ce que nous pouvons essayer de tenter.

Visite des malades est donc un nouveau paragraphe de notre programme personnel et journalier, mentionné une fois pour toutes.

Aujourd'hui nous reconnaissons Boek-Roaï.

Nous nous retrouvons rentrant tous à 6 heures, Féral très fier, à juste titre, de nous annoncer que tout est terminé, que le camp n'attend que nous pour vivre, mais encore plus fier du paon qu'il a abattu en revenant du chantier.

Mes compliments, sergent, la besogne a été enlevée! Bravo aussi Féral, vous avez fait coup double. C'est un superbe coup de fusil, *utile dulci*, mon bon, un rôti délicat, une dépouille magnifique.

Pauvre Féral, pauvre Baron, nemrods endurcis qui, au Cap, chassaient toutes les nuits après leur travail; qui, du samedi soir au lundi matin, ne sortaient pas du bois, je suis dur avec eux, je les tiens à la tâche tout le jour et refuse cruellement la permission de chasser la nuit. Mais notre labeur est si grand, si infini que lui dérober une heure de jour serait criminel et j'estime que les jeunes ne peuvent impunément veiller, le repos nocturne leur est indispensable.

Alors les infortunés chasseurs n'ont que l'occasion de la rencontre, c'est maigre et cela manque de charme. Je ne puis que le regretter et constater une fois de plus leur discipline et leur dévouement.

Le soir voit revenir Irap et les papillons, ceux-ci attirés par la lueur des lampes, celui-là par l'attrait du petit verre. Irap dit des bêtises; mais de même que l'œuf cache sous sa coquille le jaune chargé du généreux phosphore, les bêtises, elles aussi, recèlent, sous leur couche de ridicule, bien des vérités profitables..... à celui qui sait les écouter.

Notre randonnée,

du 10 mars,

ne nous permet de rentrer déjeuner qu'à 3 heures, car nous avons poussé jusqu'à Boek-Tholm I et II où les malades étaient nombreux et où les palabres ont été longs.

Phu-Trith a envoyé deux chars à bœufs et un char à buffles, on les charge; le déménagement commencera demain.

Cependant nous demeurons ici afin d'éviter au Docteur un déplacement inutile avant son départ pour l'hôpital; toutefois, Féral, escorté de quatre tirailleurs, occupera, dès demain, le camp.

Le 11.

Le 11, une invitation est inscrite à l'agenda. Borth est venu, il y a quelques jours, nous prier de visiter son village, il faut y aller.

Il fait bien les choses, lui aussi, Borth.

Il a placé des sentinelles sur le chemin pour être prévenu de notre arrivée, aussi quand nous avons franchi le suoi qui baigne le pied du mamelon où s'est perché Bu-Nu I, quand nous avons escaladé la pente rocailleuse et abrupte du monticule et que nous débouchons dans le ray qui précède le village, nous trouvons tous les hommes assemblés.

Borth, lui aussi, fait abattre la palissade pour nous permettre d'entrer chez lui à cheval.

Son village est beau et propre, les greniers vastes et bien remplis. Borth paraît un homme sérieux.

Nous découvrons parmi ces hommes un jeune Moï qui parle l'annamite.

Quel phénomène!

You, c'est le nom du sujet, semble intelligent, pourtant Baron ne parvient pas à percer le mystère.

Est-ce un Moï transfuge des cantons annexés, est-ce un esclave? Nous ne le saurons pas aujourd'hui.

En tout cas, il est certain que ce n'est pas un Annamite parlant le moï, que c'est bien un Moï. — Où? Comment a-t-il appris l'annamite? Il faudra le savoir.

A Boek-Corre les charretiers déménageurs sont rentrés, ils pourront faire deux voyages par jour.

Arrivent à 4 heures le doï et un milicien d'Hon-Quan, suivis d'un char bien attelé et confortablement aménagé pour le transport du Docteur.

— Irap a fait du « vin nouveau » — vin de riz — il m'invite à visiter son cellier et malheureusement à goûter son vin. Refuser offenserait le bonhomme, accepter est vraiment méritoire, car sa drogue est bien mauvaise. Heureusement l'amertume d'un calice matériel s'efface plus vite que celle d'un calice moral. Je n'ai pas décrit le cellier, dira-t-on. C'est vrai, ça ne sera pas long d'ailleurs, car il ne recèle ni foudres, ni tonneaux, ni dames-jeannes, ni bouteilles; il y a bien des jarres, mais elles sont réservées à l'alcool; le vin nouveau se fabrique et se conserve dans de simples bambous. C'est aussi peu coûteux que peu casuel. De grandes et de petites tiges de bambous alignées debout, voilà le cellier d'Irap.

Tout le monde repose. Je suis à la table de travail, plongé dans la classification logique des notes journalières, pesant, soupesant les molécules de documents, les assemblant, cherchant à en tirer des conclusions, quand j'entends un bruit insolite.

— Alerte! crie la sentinelle.

Tout le monde est debout, les Moïs affolés courent dans toutes les directions torche à la main.

— Qu'y a-t-il?

— Le tigre!

— Comment le tigre, mais il y a triple enceinte, et la dernière palissade mesure près de trois mètres!

— Oui, le tigre est entré, il a bondi trois fois, et a pénétré dans le quartier des bœufs, il a tué un veau qui achève son agonie, mais il aura eu peur du bruit et a pris la fuite.

— Il a pris un bœuf, clame Irap!

On vient en effet de compter les bêtes, il manque un bœuf.

Et les Moïs se précipitent au dehors la torche dans la main gauche, la lance dans la droite, le couteau à la ceinture.

Le tigre est loin!

La force de cet animal est prodigieuse et n'a d'égale que son audace.

Franchir ces palissades, pénétrer dans le village où les feux sont allumés et repartir un bœuf aux crocs. C'est prodigieux! incroyable!

Cependant si nous n'avons pas vu le tigre, sa première victime, le veau est là, la gorge ouverte d'un formidable coup de griffes, et pour la seconde, il n'y a pas de doute, les portes étaient closes, le bœuf a été emporté par le tigre (1).

Les Moïs courent longtemps infructueusement, ils rentrent enfin désolés sans avoir retrouvé ni le ravisseur, ni sa proie. Ils n'ont pas vu le tigre, lui les aura certainement vus.

Nous en acquérons la preuve le 12 au matin, en retrouvant caché dans un fourré, au bord du suoi Rap, le cadavre du bœuf. Les Moïs le dépècent, il ne manque qu'une cuisse, ils vont se régaler, ce sera autant de retrouvé, dit philosophiquement Irap.

— Il veut gratifier les tirailleurs d'un quartier, je refuse, la viande est déjà corrompue, Baron le réclame. Chasseur enragé, il a à Baria descendu nombre de fauves, il en a aussi empoisonné plusieurs, fanatique trappeur, il a emporté dans sa cantine de la strychnine. Il pratiquera tout à l'heure de savantes incisions dans le quartier de bœuf et y introduira des pincées de la foudroyante substance roulées dans des feuilles de papier à cigarettes et replacera les débris sanglants dans le fourré.

— Le tigre reviendra, affirme-t-il.

Il reviendra, en effet, la nuit prochaine, et dans quelques

(1) Il est vrai que le bœuf indo-chinois est petit.

jours les Moïs nous apporteront la dépouille du fauve qu'ils auront trouvé mort dans la forêt.

Le Docteur se déclare assez solide, il veut partir et à cheval...

Nous tentons de le retenir encore. Il refuse. Nous lui conseillons de se coucher dans le char bien garni d'épais matelas. Rien n'y fait, ni conseils ni prières, il veut un cheval, il en veut même deux pour être escorté par le tirailleur qui l'a servi comme brosseur.

Il part donc escorté de ce tirailleur, du doï et du milicien venus d'Hon-Quan, le char le suivra et sera rarement utile.

Accompagné de Baron, nous faisons pendant une quinzaine de kilomètres la conduite à notre compagnon, nous avons le regret de ne pouvoir dire notre camarade.

Le Docteur gagnera heureusement Hon-Quan et Saïgon et sera même embarqué guéri pour France, nous l'apprendrons plus tard..... à notre retour à Saïgon.

Le tirailleur et les chevaux n'auront rallié la mission que dans quinze jours et des deux bêtes, l'une crèvera peu après, fourbue.

Bé, le jardinier est heureux, les semis qu'il a faits dans le jardin potager que nous avons créé pour Irap, les semis ont réussi à souhait et déjà les planches prennent tournure, Irap est heureux lui aussi et montre avec orgueil « son jardin » à ses amis.

Aujourd'hui l'idée semée en son cerveau a germé aussi, elle a grandi puisqu'il demande à Bé de lui donner une « leçon » de labourage à la bêche.

Il n'y a pas de petites questions, de petits moyens dans notre tâche, il faut tout employer, user de tous les concours, et Bé vient de se montrer un modeste, mais utile collaborateur.

13 mars.

Un superbe coq sauvage sur ma table frappe ma vue au réveil.

— Qui a apporté cela, « 29 »?

— Peèle, tout à l'heure.

Peèle est un habitant du village. Mordu par un scorpion, une injection l'a soulagé, guéri, il marque sa reconnaissance, et avec quelle délicatesse encore, voilà un procédé, la manifestation d'un sentiment qui me touchent fort et qui sont encore plus agréables à mettre dans mon carnier à documents que le coq!

Aujourd'hui, reconnaissance de Bu-Nu-Yup, Bu-Nu-Iaï et Bu-Nu-Blé. Dans les deux premiers villages nous ne rencontrons que des vieilles femmes, les hommes, femmes et enfants sont partis faire la fête à Bu-Vieil.

A Bu-Nu-Blé, nous trouvons un beau couple de bons vieux, Blé, le chef et sa femme, Philémon et Baucis, ils nous accueillent avec une grâce touchante et Blé nous présente son fils et successeur, Œil, beau et fort gaillard, dont l'allure peut être, sans erreur ni exagération, qualifiée de « distinguée ». Œil, à son tour, nous présente ses trois femmes, ah! le vert galant! Le reste de la famille se présente tout seul, ce sont des frères, des neveux ou petits-neveux du patriarche, le père Blé.

— Oh! les fines poteries, où avez-vous acheté cela?

— Nous ne l'avons pas acheté, nous l'avons fait avec la terre de la montagne.

— Dire que les marmites que j'admire sont des œuvres d'art serait de l'emballement, mais vrai ça a du cachet.

— Tiens, un coffret laqué. Ah! celui-là, vous l'avez acheté.

— Non, fait en bois de la forêt.

— Mais la laque qui vernisse le bois?

— La sève d'un arbre.

— On en trouve?

— Oui.

— Vous en voulez, me dit Œil.

— Oui, certainement.

— Demain vous en aurez.

Hé mais, il est décidément très bien le jeune homme.

Le village est ravissant, si abrité que nous ne l'aurions deviné sans Irap qui nous guidait, si bien situé avec une vue adorable sur la Yumbra, d'un côté, et un panorama sur la mer verte des arbres, d'un autre, que l'envie de vivre là nous vient à la pensée, la case est modeste, bien modeste, mais d'une simplicité pratique, tout est bien ici.

Les philosophes prétendent tirer de l'architecture le symbole de l'esprit d'une race. Si l'architecture des Moïs résume, par leurs cases simplistes, leur manière de penser, de sentir, de rêver, par le soin de cacher la demeure aux regards indiscrets, la simplicité de la maison commune, le souci d'établir l'unique maison et le grenier commun en un site gai à l'œil, on peut facilement comprendre que les gens de Bu-Nu-Blé aiment la liberté, qu'ils pratiquent l'égalité et la fraternité, qu'ils sont amants de la nature.

L'après-midi Œil arrive déjà m'apporter une poterie.

— Je te remercie, mon garçon, mais je ne t'avais pas demandé de poterie, mais bien de la sève d'arbre.

— Oui, mais vous avez dit que la poterie était jolie, alors mon père m'a dit de vous l'apporter; demain j'irai à la forêt chercher les bambous que j'ai mis tout à l'heure à une saignée d'arbre, demain ils seront pleins et je vous les apporterai.

Que pâle va être notre cadeau, me semble-t-il, auprès de celui de Blé. Quel tact...

Quoi qu'il en soit Œil gambade, deux couvertures vont réchauffer la nuit ses vieux parents, le fil de cuivre fera de bien beaux bracelets à ses femmes et le canat, que nous lui avons donné personnellement, s'enroule déjà autour de sa tête en un turban triomphant.

Le 14 mars.

Il n'y aura pas moyen de sortir, le défilé des visites commencé à l'aube ne s'arrêtera que le soir.

La tête de colonne se montre à 6 heures du matin, c'est Borth et les gens de Bu-Nu I; puis ceux des deux Boek-Ray; le peloton des hommes de Bu-Nu-Jup et Yaï rentrés de leur tournée de fête; Mô, chef de Bu-Tân qui vient nous inviter à visiter son village...; à 5 heures, Œil ferme la marche de cette journée qui a marché toute seule devant nous.

Nous avons annoncé aux Moïs une bonne récolte de riz en cette année d'éclipse, la Providence nous réserve à nous aussi, en cette journée de visites, une abondante moisson et ce soir nos greniers... nos calepins, veux-je dire, regorgeront de notes, bien vraies, bien saines, bien nettes. Nous avons vu, entendu mille riens intéressants...

Plus tard, quand nous viderons nos greniers, le bon grain, bien séché, pourra rouler sous la meule de la logique, produire une bonne farine dont sera pétri le pain que nous aurons à offrir à l'esprit de ceux qui seraient tentés de vivre un instant notre vie en pays moï.

Borth nous a remis trois œufs de la part de sa femme que « le cachet d'antipyrine remis l'autre jour a délivrée de la migraine. »

Trois œufs, c'est un présent royal, car les Moïs ne conçoivent pas qu'on étouffe la poule dans l'œuf.

Les gens de Boek-Ray ont apporté du paddy pour les chevaux; c'est à grand'peine que nous pouvons faire comprendre ici que le riz n'est pas uniquement destiné à l'homme.

Œil a déposé à nos pieds des tubes de bambous remplis de laque, au retour elle sera appréciée en France.

Plusieurs de nos hôtes portent aux oreilles des boucles en argent. Nous serions désireux d'en acquérir quelques paires. Le bijou n'a aucune valeur intrinsèque, sa valeur vénale ne doit pas dépasser une piastre, mais il serait intéressant d'en orner nos collections.

Impossible, aucun propriétaire ne veut s'en dessaisir.

— Mais tu en achèteras d'autres.

— On n'en vend pas.

— Tu as cependant acheté celles que tu as.

— Non.

— Comment les possèdes-tu?

— Elles viennent de mon père.

Poursuivons avec patience la recherche, allons, remontons à la généalogie.

— Ton père les a achetées, où?

— Non, mon père les tenait de mon grand-père.

— Pourquoi ne veux-tu pas me les vendre?

— Elles ne m'appartiennent pas.

— Comment, tu les as aux oreilles et tu viens de dire qu'elles te viennent de ton père.

— Oui, mais elles appartiennent à mon fils.

Nous sommes obligés de nous arrêter car la mémoire du Moï ne va pas plus loin.

Nous récoltons là un fait net, palpable et aussi la donnée d'un problème à résoudre.

Ce qui est net — le fait — c'est que le Moï attache un prix considérable à cette relique de famille et veut obstinément qu'elle reste dans la famille, puisqu'il veut la conserver à son héritier, son fils aîné.

Il a résisté à la tentation de toutes les marchandises que nous lui offrions, d'une valeur double, triple, quadruple de son bijou.

Nous n'avons d'ailleurs pas voulu insister et violer ce bon sentiment, nous en respectons la noblesse, c'est un trait qui servira à peindre le Moï.

Ce qui reste flou — le problème à résoudre — c'est l'absence de bijoux neufs.

L'argent n'est pas minerai naturel ici, c'est entendu, il n'y a pas d'industrie, c'est vrai, mais si les boucles d'oreilles ont été jadis achetées par le grand-père c'est qu'il y avait marché, qu'on les importait. Même phénomène déjà constaté pour les jarres et les gongs, tous ces objets proviennent d'héritage, des nouveaux, des neufs on n'en trouve nulle part, la possession de ceux que nous voyons dans les villages remonte au moins, au dire de leurs propriétaires, à trois générations.

Comment cette importation a-t-elle cessé? pourquoi ne se fait-elle plus? Et encore les marchands venaient-ils chez les acheteurs, ou ceux-ci allaient-ils aux pays d'origine?

Nous avons déjà cherché des renseignements pour éclaircir cette intéressante question, nous en chercherons encore, mais en vain, il aurait fallu sans doute plus de temps pour découvrir les causes...

Nous souhaitons que ceux qui nous suivront, si nous ne sommes pas à même de le faire plus tard nous-mêmes, soient plus heureux que nous. Peut-être en trouvant le bout du fil de ce nouveau peloton d'Ariane, arriverait-on à faire sortir de ses limbes l'histoire des Moïs.

A notre carnet d'adresses figuré ici par le registre de recensement, nous avons dû joindre un carnet d'invitations, tel un bon Parisien qui manquerait à tous ses devoirs en ne rendant pas visite le premier ou le troisième mardi du mois à M. X..., le premier jeudi à Mme Y... ou le dernier vendredi à M. Z..., tel nous devons nous montrer soucieux de rendre les visites attendues par les Moïs. Une entorse au protocole serait chose grave à Paris, elle serait plus grave ici.

Consultons notre carnet d'invitations :

15 mars

— Mô.....
— Le carnet d'adresses :
« Mô à Bu-Tân. »
Allons donc aujourd'hui à Bu-Tân.
— Irap, vous êtes de la promenade?
— Avec plaisir.

Il est toujours des promenades, Irap, et avec plaisir encore. Incorrigible fureteur, nous nous demandons toujours pourquoi?

Sa présence constante à nos côtés augmente-t-elle à ses yeux son influence sur ses concitoyens? La fiole de chum-chum qui est l'accessoire indispensable des visites, l'attire-t-elle comme un liquide aimant? Est-ce pour nous surveiller? Nous obliger? — Foin des recherches, qu'importe! il nous guide, c'est l'essentiel.

Allons! La route est belle... le soleil brille sur la colline escarpée où est assis Bu-Tân, nous n'avons pas de clairon pour sonner la charge, mais comme il sait qu'il y aura la goutte à boire là-haut, Irap l'escalade avec ardeur, nos bons petits chevaux le suivent avec entrain.

De tous les villages que nous avons reconnus, Bu-Tân est le plus vaste, divisé en plusieurs quartiers coupés de jardinets où poussent plants de tabac, concombres, cannes à sucre et piments, il est le plus beau que nous ayons visité.

La population y est belle aussi et les enfants plus nombreux en proportion qu'ailleurs.

Nous causons naturellement avec les braves gens qui nous ont invité, mais Irap se montre pressé de nous voir prendre congé.

— Qu'y a-t-il donc, Irap?

Le bonhomme paraît embarrassé.

— Qu'est-ce?

Enfin il se débride. Il veut que nous poursuivions la promenade plus loin, que nous allions voir son beau-père.

— Où donc?

— A Boek-Corre II.

Allons, cédons au désir d'Irap, et bien que le soleil soit au zénith, que Haï probablement soit à Boek-Corre I, anxieux sur ses fricassées qui vont hazir, allons à Boek-Corre II.

Irap gambade de joie..... Srèm, son beau-père, nous attend sur la route. Tiens, le brigand d'Irap, il avait donc tracé son programme?

Mais oui, assurément, car tout Boek-Corre II se presse à notre entrée dans le village.

Rien que des vieux ici, mais quels vieux, des géants.

A Bu-Nu-Blé nous avions remarqué des sujets plus fins, plus graciles que dans les autres villages où les types de la race présentent un caractère qui semble la normale locale, ici des hommes grands, immenses... et des vieux, rien que des vieux.

Qu'il faudra donc vivre longtemps en ces lieux pour étudier tous ces sujets plus curieux les uns que les autres, dans tous les genres, dans toutes les classes, dans tous les ordres.

En attendant, nous voici rentrés.

— 3 heures, monsieur, 3 heures répète Haï, la mine désolée, ça pas une heure pour déjeuner...

Les trois charrettes de Phu-Trith, en faisant patiemment leur navette quotidienne entre Boek-Corre et le camp sont venues à bout du déménagement. Bouclons donc nos dernières cantines, nos caisses à papier, Haï sa popote, demain nous quitterons l'hospitalier village.

Qu'y a-t-il donc ce soir, l'affluence est grande, et personne ne vient à ma tente, tous les Moïs se pressent en la case d'Irap? Bast, les gens sont calmes, les tirailleurs alertes, la sentinelle veille, demain nous le saurons sans doute.

Le soleil ne s'est pas encore montré sur le seuil de la journée

du 16,

que pointe déjà une bande de Moïs chargés de hottes, coupe-coupe à l'épaule, le chef la lance en main. Ils sont à peine entrés dans la maison d'Irap, qu'une seconde troupe surgit, précèdant une troisième, suivie d'une quatrième. Et il en vient encore. La maison d'Irap se vide par une porte, mais ne cesse à s'emplir par l'autre, le village grouille des gens des environs, de bien loin même, car il me semble avoir aperçu le vieux Fer, de Bu-Trôm, toute la moïerie est en mouvement.

Il y a quelque chose, l'évidence en est manifeste.

Quoi? Attendons, ouvrons l'œil...

Notre attente ne sera pas longue.

Voici Irap suivi d'un groupe qui s'avance vers nous et nous salue.

— Les gens des villages veulent vous saluer, je les avais prévenus que vous quitteriez Boek-Corre aujourd'hui, ils viennent pour vous accompagner à votre camp.

Cela, c'est trop fort! Cela dépasse notre imagination...

En face du danger, on reste sec, les idées replient leurs festons fantaisistes, on voit clair, net et l'on est prêt à subir le choc.

Cette manifestation de sympathie, au contraire, entraîne notre pensée dans les sentiers, dans les labyrinthes de la sentimentalité, nos idées se troublent, l'œil est embrumé, le choc est difficile à supporter.

Il n'y faut pas succomber cependant, la voix ne doit pas trahir l'émotion, la larme d'attendrissement doit se sécher avant d'avoir pu apparaître, attention Français! *la Face!*

Quel dommage pourtant de ne pouvoir donner l'accolade à Irap et à...

Mais ce sont tous les chefs qui sont là autour d'Irap!

Fer de Bu-Trôm, Borth de Bu-Nu I, Blé, le vieux père Blé appuyé sur son fils Œil, et Ijaï et Jup, mais ils y sont tous! Mô, Rote, Srèm, Mûle,... ils y sont tous!

Ah! les braves gens!

. . . .

Les mots nous manquent pour traduire ce que nous

avons éprouvé ce jour, ou plutôt ils se pressent, se bousculent en une ruée telle que nous ne parvenons pas à en séparer la foule pour écrire notre pensée. C'est qu'aujourd'hui les Moïs sont loin, que leur souvenir ravive notre émotion inoubliée et qu'à son évocation nous tremblons comme nous n'avons pu ni dû trembler à Boek-Corre.

Après les chefs, arrivent tous leurs gens, ils apportent des paniers, d'autres paniers, encore des paniers et les déposent à mes pieds.

— « 29 »! Tien! Haï! Tanh! arrivez! et videz ces paniers. Un, puis deux, puis trois porcs, superbes, gras, magnifiques; des coqs, des poules...

— Il y en a cent vingt, dit Bé.

— ... Du riz; du paddy même pour nos chevaux.

— Encore? Quoi donc encore?

— Un panier d'œufs!

Bonnes gens!

C'est trop, beaucoup trop! Mais comment refuser, c'est offert de si bon cœur, si gracieusement! Et puis, il ne faut pas refuser un présent, ici.

Et notre satisfaction personnelle se double de joie, de la joie de voir que la tâche s'accomplit, que le problème obscur déroule pacifiquement ses clairs facteurs, lenteur, douceur, patience, la solution brille : c'est la civilisation.

La civilisation dans toute sa pureté puisqu'elle a été procréée par l'amour réciproque des hommes, et qu'elle est née, volontaire et forte, sans l'intervention du fer.

Il faut quitter Boek-Corre, nous ne le ferons pas sans regret, sans chagrin.

Avant de partir, j'assemble autour de moi les chefs,

les tirailleurs sont à leurs rangs. Le caï Tanh est au pied du mât de pavillon.

J'adresse aux Moïs la parabole du drapeau : il faut qu'ils le respectent, qu'ils l'aiment, c'est le symbole de la paix que nous leur apportons au nom de notre Pays, tant qu'il les couvrira tout le monde les respectera : c'est l'image de la France!

On amène les couleurs!

Un feu de salve les salue. Malgré l'ardeur du soleil nos casques se sont levés; sans ordre reçu, les Moïs sont tombés à genoux et ont levé les mains jointes.

On a salué les couleurs!

On peut rire... illusion... hochet...

Qu'on rie! Français et Moïs ont tressailli ensemble, là est la vérité!

En route! Nous quittons Boek-Corre... notre poitrine se serre en franchissant la palissade... un lambeau de notre cœur y restera accroché.

Quelle journée, quelle journée inoubliable! Nous marchons... il fait grand jour, la route n'est pas étoilée, nous ne rêvons pas, la route est cependant constellée, pavée de surprises... « Le Moï n'aime pas porter le bagage. » C'est un fait, c'est une vérité. — Eh bien! — Eh bien? Mais tout notre bagage est sur le dos des Moïs! Les chars devaient venir ce soir le prendre... Les Moïs l'emportent! Sans commandement... spontanément, volontairement.

Et la route se suit en chantant.

Un dernier regard avant que de tourner le chemin, adieu Boek-Corre! ou plutôt au revoir!

CHAPITRE III

DONG-BONG-TAY

16 mars-18 avril 1904.

> Il y a grand voisinage et grand cou-
> sinage entre l'homme et les autres
> animaux,... comme à certaine mesure
> les bestes nous entendent, aussi nous
> les entendons. Elles nous flattent,
> nous menacent, nous requèrent, et
> nous elles. Nous parlons à elles, elles
> à nous; et si nous ne nous entr'en-
> tendrons parfaitement, à qui tient-
> il? à elles ou à nous? C'est à deviner...
>
> Pierre CHARRON (*De la Sagesse*).

Le camp... Il y a quelques jours c'était la brousse,
aujourd'hui c'est la vie... les coquets baraquements
s'alignent gaiement, Féral et ses tirailleurs sont sous les
armes, le pavillon s'élève vers le ciel et claque les couleurs
sous la caresse de la brise, salut au camp de Dong-Bong-
Tay.

Nous entrons, les Moïs nous suivent, « serrez, serrez »,
dit de temps à autre le sergent aux gens de la longue colonne qui se déroule trop lentement à son gré.

Et la même pensée surgit en notre cerveau :

« Serrez, serrez », c'est à la longue colonne des idées
qui se déroulent trop lentement à notre gré que nous
crions : « Serrez, serrez. »

Nous avons déjà observé, récolté et semé, récolté les
vieilles idées d'Asie, semé les nouvelles de France, sans

précipitation, il va falloir ici se hâter : emballer les unes, faire moissonner les autres.

Le temps a fui, il va s'écouler encore plus rapidement; serrons, serrons. L'observation déjà aiguisée pourra être plus rapide; il faudra classifier nos récoltes; nos semailles devront être sarclées, roulées, car il faudra bientôt gerber.

La station est utile, il ne faut pas en abuser, *ne quid nimis*. Nous devons encore séjourner dans cette région pour parfaire notre ébauche, mais il faut songer à l'au delà, nous arrivons, mais il faudra bientôt songer au départ, nous nous hâterons donc, nous serrerons.

On a si bien serré sous les ordres de Féral que tout est en place, les bagages empilés dans les magasins, les chevaux à l'écurie, nos hardes et papiers installés; Haï aligne ses ustensiles; Bé installe porcs et poules dans leurs domiciles; l'interprète Nhaï est à sa travée; les tirailleurs dans leur quartier; les Moïs en leur sala.

Allons, hâtons-nous. Le jour est à l'action, la réflexion est pour la nuit, profitons du jour.

— Qu'on apporte les caisses de pacotille, installons et distribuons à notre tour.

Pour notre départ de Boek-Corre les Moïs nous ont comblé de cadeaux, que notre entrée à Dong-Bong-Tay leur laisse le souvenir d'une distribution inoubliable.

Ils étaient légion et l'opération dura jusqu'à la fin du jour.

La fête, car c'en est une, bien que nous ne l'ayons pas prévue, la fête ne peut aller sans sacrifices, les poissons salés seraient un trop sec régal, qu'on ouvre la porcherie, le poulailler!

Les feux sont allumés et brillent de toute part, allons, tous ont travaillé, que tous se réjouissent, un gros porc aux Moïs, un petit pour les tirailleurs et des poulets à chacun autant qu'il en faudra, double ration de riz et deux jarres de chum-chum.

Nous allons nous retirer et inaugurer notre « bureau »,
mais Féral nous invite à venir voir...

— Ça vaut le dérangement, dit-il.

Allons.

Les Moïs ont saisi le cochon que je leur donne, ils lui
ont lié les pattes, un homme assène un coup de bûche
sur la tête de l'animal qui tombe assommé; avec un petit
couteau un autre fait à l'animal une incision au ventre,
sur le côté, près de la cuisse, il tire le foie seulement,
et aussi le sang qu'il puise dans le creux de la main pour
le verser dans un baquet, puis l'animal est embroché
d'un long bambou et jeté tout entier sur les tisons ardents.

Les soies grésillent, la peau pétille, la graisse frit.
On retire, à l'aide d'un couteau de bambou un homme
gratte la peau rissolée et la débarrasse des scories, on
retourne la bête, on la replonge dans la fournaise...

Peu de temps pour la cuisson ainsi pratiquée.

Mais ce qui va être long c'est la suite.

Des feuilles de bananiers sont étalées, on y dépose
le gigantesque rôti, on le découpe et les entrailles en un
tas, les jambons en un autre, la tête en un troisième, le
reste en un dernier, vont être à leur tour et par catégorie
découpés en autant de parts, scrupuleusement égales,
qu'il y a de convives... Oui, leur scrupule de l'égalité,
de la fraternité est poussé à ce point que chacun aura sa
part égale des bons comme des bas morceaux.

Tanh (1) est scandalisé, je suis émerveillé. Il trouve que
c'est de l'ouvrage mal fait; je pense que c'est un grand
acte.

— Sales, grommelle-t-il.

— Sages, je murmure.

Ses idées sont renversées, les miennes s'élèvent.

Ainsi, même jusqu'en des sujets qui nous paraîtraient

(1) Tanh, le caï qui sacrifie les porcs des tirailleurs,

négligeables, le Moï montre le souci d'un partage scrupuleusement égalitaire. Quelle leçon!...

Le soir, c'est pour nous grand opéra, tableaux vivants
d'une richesse inouïe, feux rouges sur fonds verts, du
vert noir au vert Corot, arbres gigantesques où les reflets
des feux se jouent et prennent mille teintes variées,
Moïs noirs, bronzés, dorés, rouges, grands, immenses,
gigantesques, moyens, petits, lilliputiens suivant les
caprices des flammes et de l'ombre; la musique ne manque
pas au gala, pétarades des petits bambous, bombes des gros
qui éclatent, fusées de rires des Moïs et, dans le lointain,
le frisson des bambous qui s'agitent, le grondement de la
chute du Song-Bé, le murmure, le gazouillis de ses cas-
catelles.

— Si l'on tirait quelques fusées, propose Féral.

— Oh non! non, combien pâle serait notre spectacle
auprès de celui de la Nature, ce serait trop dommage de
gâter cette merveille.

Nous sommes pauvres, mais quels milliardaires pourraient s'offrir pareil opéra!

Jouissons de cette merveille dans le calme et le recueil-
lement.

— C'est une belle crémaillère, dit doucement Baron,
l'œil perdu dans la contemplation de la scène.

Tiens, c'est vrai, nous pendons la crémaillère et ma
foi jamais peut-être pareille cérémonie a-t-elle réuni
autant de convives.

Le spectacle n'est pas terminé, il durera toute la nuit,
il faut pourtant nous en arracher... le soiriste théâtral
doit courir à son journal...

Après le travail, le repos; après la verticale, l'horizontale devrions-nous dire pour être plus exact, car le repos
comporte le sommeil et cette nuit nous n'en prendrons
pas, inutile d'essayer, impossible, c'est que... si aujour-
d'hui l'enthousiasme moï a paru atteindre son zénith,

demain il pourrait bien s'éclipser brusquement, car c'est demain... aujourd'hui le 17! Les Moïs sont là, réunis, ils se rappellent la date, en ont parlé, ils attendent! Si les journaux s'étaient trompés, si les typographes avaient commis une erreur de casse... même les astronomes eux-mêmes, de date! Ah! quelle angoisse! Nous serions perdus de réputation...

N'avons-nous pas été imprudent en annonçant avec tant d'assurance que le 17 le soleil se voilerait?

Dieu qu'il tarde à se lever aujourd'hui!

17 mars.

6 heures. Enfin, le voici! Mais il faudra encore attendre cinq heures, cinq heures trente-deux minutes même, si la nature est exacte... si nos montres le sont.

Allons, il faut tromper l'attente. J'ai fait confectionner à l'aide de fil de cuivre des colliers auxquels pendeloque une sapèque, distribuons-les.

— Hé, Moïs! Arrivez!

Et tous de s'empresser.

Pour recevoir le collier, le Moï me salue, se baisse devant moi, courbe la tête, je passe le collier, je le rive.

Quel symbole! Je ne puis me défendre d'une certaine émotion. Evidemment ces hommes se soumettent à nous. Sera-ce pour leur bien?... Ils paraissent si heureux, vraiment heureux.

Est-ce imagination? Je n'ai rien dit, mais tout semble prêt... l'idée voltige au-dessus des têtes... oui, à Boek-Corre, devant le pavillon, les Chefs, spontanément, sont tombés à genoux devant le pavillon de France!

Pourquoi attendre encore et ne pas de suite parler de soumission, d'organisation?

Pourquoi? Je commence bien à avoir foi dans les Moïs, mais le doute me paralyse encore.

La semence a-t-elle d'assez profondes racines pour

n'être pas arrachée par la bourrasque de dissidences, la résistance d'opposants possibles?

Et si d'un seul coup tout notre lent travail était détruit, balayé, emporté sous la rafale terrible de la panique!

Si tous les hommes s'enfuyaient, au seul mot de soumission!...

Patientons encore, encore quelques jours, laissons aux racines le temps de s'enfoncer plus profondément, sarclons, arrachons encore les mauvaises herbes...

Oui, mais tout à l'heure si la nature manque au rendez-vous!... Quelle angoisse!

... Rivons, en attendant, les colliers, cela réjouit les Moïs, cela occupe notre impatience.

Mais le stock de colliers est épuisé, tous les cous en sont ornés, sur les poitrines pendeloque la sapèque.

Aux colliers des chefs, nous avons attaché une belle pièce de vingt cents.

A celui de Fer, à celui d'Irap, une piastre toute neuve.

11 heures. Les Moïs contemplent le soleil, il est bien haut... Nous, nous regardons les montres, nous en avons quatre, elles ont toujours fait ponctuellement leur service, avec exactitude, sans varier, sans qu'une compensation soit nécessaire. Bonnes montres, braves petites montres, ne vous trompez pas aujourd'hui!

Pourtant les trotteuses vont bien lentement...

Baron, Féral et moi sommes émus, les Moïs nous regardent! Notre cœur bat bien fort.

Quel cataclysme en perspective...

11 h. 15, 11 h. 20, 11 h. 25, 11 h. 30...

Ah! le cœur semble ne plus battre.

11 h. 31, 11 h. 32.

. . . .

Pâle, bien pâle... un léger voile semble s'avancer vers l'astre...

Nous ne regardons plus les Moïs, les Moïs ne nous regardent plus, tous, Français et Moïs, la tête levée, fixons sans crainte l'astre brûlant...

Oui! le voile s'étend, s'assombrit, il gagne!

Ah! Dieu soit loué, l'éclipse a été exacte au rendez-vous!

Elle a bien fait son entrée le 17 mars à 11 h. 32!

La joie est muette, mais elle casse les jambes, nous devons nous asseoir...

Les Moïs paraissent stupéfaits.

Remis de notre émotionnante satisfaction, nous faisons apporter des seaux remplis d'eau, des cuvettes, tous les récipients possibles, le camp est transformé en un vaste amphithéâtre où nos élèves, attentifs et silencieux, suivent dans l'eau l'image solaire et le spectacle de l'éclipse.

Attentifs et studieux, ils ne se lassent pas.

Attention! 1 h. 31, le soleil va être complètement masqué!

1 h. 32, grande phase.

Ah! grande nature, soyez louée et vous aussi bonnes petites montres, fidèles annonciatrices et vous aussi messieurs les astronomes et vous aussi *Opinion, France d'Asie, Courrier Saïgonnais!*

Et nos amis restèrent avec nous, sans défaillance, jusqu'à 3 h. 21' 1", la sortie.

— C'est fini, comme je vous l'avais annoncé, mes amis, réjouissez-vous, quand une éclipse se produit la récolte de l'année, a-t-on toujours observé, est abondante, exceptionnellement abondante. Réjouissez-vous donc, vous aurez belle moisson, et souvenez-vous plus tard que c'était l'année où nous nous sommes connus...

Les Moïs, muets jusqu'alors, poussent des cris de joie, gambadent, sautent, dansent. Chacun témoigne à sa façon sa satisfaction; pour nous, nous sommes prostrés, l'attente, la crainte, l'émotion, la joie nous ont assailli tour à tour, nous ne pouvons rien dire, les tiroirs ouverts dans notre cerveau et que nous comptions trouver pleins de belles idées se ferment et nous restons stupide...

Mais bientôt l'idée est remontée en selle et chevauche... Est-ce le moment? Le doute l'arrête encore... Patientons.

Oui, patientons, car il faut encore mûrir la forme de l'habit qui convient à l'âme moï, et pour le tailler à sa mesure il faut encore l'étudier sur quelques faces.

« Mettre au monde un enfant est plus facile que de prendre soin de lui. »

Reconnaître une région, découvrir une nation est plus facile que de l'organiser.

Nos hôtes vont d'ailleurs nous laisser le champ libre où pourront tournoyer, voleter, trotter, galoper les quadrilles des idées : Formation et division de la région, organisation du travail pour procurer des recettes aux Moïs, courant d'idées à faire circuler; augmentation des rays riziculteurs; organisation d'ateliers de charronnage...

— Monsieur, les Moïs demandent la permission de s'en aller.

— Ah! les Moïs... Ah oui, j'étais loin du soleil... dans la lune, peut-être.

Les Moïs prennent congé, ils désirent tous célébrer la fête du Paddy.

— Bien, allez, célébrez la fête du Paddy, du Paddy qui sera abondant cette année.

Le 18,

par exception, le réveil ne nous verra pas debout le premier, nous bondissons furieux contre nous-même.

Baron travaille déjà à la carte.

— Pourquoi m'avoir laissé dormir? c'est ridicule...

— Ne vous fâchez pas, interrompt paisiblement Baron, regardez plutôt que de vous fâcher.

— Qu'est-ce? réponds-je en grommelant, car je suis désolé d'être levé le dernier, quelle heure?

— Six heures un quart, mais regardez donc.

... A la porte, un étalage : deux beaux porcs, trois por-
celets, deux canards, des coqs, des poules à ne savoir
combien.

— Qu'est-ce que tout cela?

— Cherchez, devinez!...

— Quoi? vous avez fait ficeler toute la volaille, les
porcs, pourquoi? nous ne déménageons pas.

— Non, nos bêtes sont en leur gîte.

— Hé bien, celles-là?

— Cherchez!

— ... Non, mon cerveau dort encore.

— A l'aube, ce matin, reprend Baron, un coude brusque
de la route de Bu-Ton, dessinée hier soir, m'entrant dans
la cervelle par l'angle aigu qu'elle forme à Boek-Corre
avec la route de Phu-Trith, je m'éveillai; je m'éveillai
sans me lever. Durant que je calculais mon angle, je vis
arriver des Moïs, ils parlaient à la sentinelle puis arri-
vaient près d'ici, déposaient chacun un fardeau et se
retiraient. Intrigué, je me levai, il en arrivait encore et je
les vis bien alors déposant, sur le seuil de votre cania (1),
cochons, coqs, poules et poulets.

— Et pourquoi ces nouveaux cadeaux? leur avez-vous
demandé?

— Oui, Irap qui est venu un des derniers, il part à
peine, m'a dit :

— Pour le chef blanc... le soleil... hier... beaucoup de
paddy... il sait tout...

— C'est tout ce que j'ai pu comprendre.

Nhaï survient, il ne paraît pas surpris.

— C'est l'usage, dit-il.

— Quel usage?

— Quand un grand sorcier a prédit une chose et qu'elle
se réalise, on lui doit un hommage...

(1) Cania, en annamite, maison.

En France, il y a quelques lustres, j'eusse été flambé;
ici, aujourd'hui, je suis honoré... que cela nous fasse
réfléchir et rabaisse notre orgueil, car, qui sait, le vent
tournera peut-être ici... la mode reviendra peut-être en
France à mon retour...

. . . .

Ce n'est plus l'opéra aujourd'hui, c'est la féerie!... et
me voilà passé sorcier!

— Bon, cela, très bon, conclut Baron, et si les sorciers
du cru avaient conçu le projet de contrecarrer notre
influence, ils sont aujourd'hui enfoncés. Décidément, je
vous l'ai dit, l'éclipse était une bonne idée.

Mais, si grand qu'ait été notre étonnement, il faut
se mettre au travail.

Puisque les Moïs ont poussé la délicatesse jusqu'à se
dérober à nos remerciements, profitons du calme de ce
jour pour procéder à notre installation. Si court que puisse
être notre séjour ici, nous y demeurerons cependant
quelques jours, installons donc nos papiers en une place
familière, installons nos idées en un ordre méthodique.

. . . .

Le camp devra se compléter d'une grande maison sur
pilotis. Baron en dessine déjà le plan, Féral en délimite
l'emplacement.

Au camp devront venir les Moïs; pour ceux de l'arrière,
nous sommes venus chez eux; pour ceux de l'avant, pro-
céderons-nous de même?

Non, essayons... n'allons pas les voir... ne les appelons
pas. Attendons-les. Si le moyen ne réussit pas, il sera
toujours temps de monter à cheval.

Féral reçoit aussi des ordres pour la construction d'un
fort radeau dans le bief inférieur à la chute du Song-Bé.

Si l'on veut organiser le pays, si nous songeons aux
recettes à créer aux Moïs, pour mettre la machine en
mouvement il faut d'abord des routes. Nous avons com-

mencé, c'est vrai, nous continuerons même, mais la route ne suffit pas, la route de terre est par trop coûteuse au transport, il faut la rivière; nous en avons une ici, mais est-elle navigable? est-elle flottable? là est une grosse question. Il faudra donc reconnaître le Song-Bé aval, le sonder, chercher les traces des crues, du niveau des hautes eaux écoulées aujourd'hui, se renseigner; Féral fera sous peu cette reconnaissance.

Pour le bief supérieur, le Song-Bé amont, un radeau attend déjà, c'est à Baron que sera réservée cette reconnaissance; il devra en même temps voir si la région est facilement accessible et si notre pointe vers l'est pourra s'entreprendre au degré où nous sommes.

Il nous faudra faire quelques raids en arrière pour reviser la carte et la compléter.

La Yumbra nous attend ou, plus exactement, son panorama que nous n'avons encore pu percer.

Bé va exercer ses talents, piocher, bêcher, sarcler, râtisser, tracer; il joindra l'utile à l'agréable, créant pépinières, jardin maraîcher, fignolant plates-bandes, fleuristes. Si nous n'en jouissons, les successeurs en profiteront et les Moïs en auront joui aussi.

Nos collections d'histoire naturelle sont bien pauvres, il va falloir les enrichir : les tirailleurs stylés s'en chargeront.

Allons, voilà un programme à abattre et nous, réglons bien nos lunettes, gardons nous de grossir le détail, son importance ou sa minutie, ne lui faisons pas éclater le cadre, mais ne l'y laissons pas non plus danser en diminuant la perspective, en omettant de l'entourer des renseignements si petits soient-ils qui doivent concourir à la peinture de l'homme ou du lieu.

Du 19 au 27, les jours vont s'écouler rapides et notre programme ne subira pas d'accrocs; le 20, le 23, le 27 ascensions réitérées de la Yumbra, sans résultat notable

toutefois; le 22, Féral, le 26, Baron partent reconnaître le Song-Bé, en aval et en amont. Tout le temps pourra donc en quelque sorte être consacré au Moï; ceux de l'arrière viendront chaque jour nous voir, causer, acheter, vendre, se faire soigner; mais ceux qui nous intéressent le plus sont ceux que nous ne connaissons pas, ceux de l'avant, ceux que nous attendons...

Nous ne les appelâmes pas, ce furent eux qui vinrent.

Le Moï est un enfant, il est craintif, il est curieux. Notre réserve et aussi nos rapports avec ceux que nous avons visités bannirent toute crainte et la curiosité les poussa à notre camp. Les hommes vinrent les premiers, nous les accueillîmes en asiatique, sans étonnement, sans empressement apparents; ils nous regardèrent, nous nous laissâmes regarder tout en vaquant à nos occupations, évoquant des souvenirs de jardin d'acclimatation où nous avions, nous aussi, contemplé des hommes. Cette fois nous étions la bête curieuse, d'autant plus curieuse qu'au lieu de faire payer nous faisions des cadeaux. Ces cadeaux emportés dans les villages firent leur effet; le lendemain, les hommes revenaient avec leur famille, femmes et enfants, les coffres furent naturellement ouverts de nouveau.

Notre effort se porta d'abord sur les enfants, nous avions, en prévision, emporté billes et toupies pour les garçons, perles et babioles pour les fillettes. Les parties de billes furent organisées auxquelles succédèrent des séances de toupie. Mais ce n'est pas sérieux, dira-t-on, jouer à la toupie, aux billes, on ne vous avait pas envoyé pour cela. Qu'on se détrompe, j'estimai et j'estime encore que c'est la besogne la plus sérieuse que j'aie faite.

Sur les rives du Song-Bé, comme sur celles de la Seine, de la Moselle ou du Rhône, du Var ou de la Garonne, de la Loire ou de la Rance l'homme est le même, il aime ses enfants et l'enfant est l'arbitre de la famille.

Le Moï, loin d'échapper à la règle, idolâtre ses enfants et satisfait tous leurs caprices. Les ébats des jeunes Moïs et des petites Moïettes, leurs rires fusant au milieu des parties déridaient tous les visages et les éclats de rire témoignaient de la satisfaction des parents. On voit donc que, contre les apparences, je n'étais pas fou en jouant aux billes, l'enfant nous gagnait les parents.

La femme, cependant, était à redouter : son influence sur le Moï est considérable, elle est encore plus craintive que lui et plus méfiante, notre second effort se porta donc sur elle. Aidé d'adroits tirailleurs, nous donnâmes aux *dames* moïs des leçons de couture; très recherchées ces leçons, car elles étaient toujours suivies de distributions d'étoffes, fils, aiguilles, dés, etc... La femme amadouée, nous n'avions plus la crainte de lui voir donner à l'homme le conseil de nous fuir.

Tranquillisés, nous nous occupâmes enfin des hommes; ils venaient toujours nombreux au camp et se montraient friands de cadeaux. Un beau jour nous leur expliquâmes que tout avait une fin et que les présents allaient cesser, à moins que...

— Quoi? que voulez-vous?

Cette demande jaillit, rapide.

— Que vous travailliez!

— A quoi?

— A faire des routes. Chacun devra travailler à un chemin reliant son village au camp.

La bande de Moïs était déjà égaillée de tous côtés. Les coupe-coupes besoignaient déjà, je les voyais et j'entendais aussi les grands bambous frémissants s'abattre avec fracas.

Les premières équipes travaillèrent avec une ardeur toujours égale le lendemain et les jours suivants; le quatrième jour, j'arrêtai l'élan, comme précédemment. Je voulais prévenir la lassitude et le dégoût, il fallait aller avec prudence et administrer à ces anciens paresseux le travail à doses pondérées. Je licenciai mes sapeurs, les remplaçant pas de nouvelles équipes et leur donnai rendez-vous pour la huitaine suivante. Le roulement s'établit régulier, les hommes furent toujours exacts au rendez-vous.

Moïs de l'avant et Moïs de l'arrière, tous travaillaient avec émulation; nous eûmes bientôt de belles colonnes, des bambous, du tranh en quantité suffisante, la maison allait s'élever... Le camp était plein de vie, tous l'emplissaient de leurs chansons; le jour, c'était le chant des Moïs, hardi et fier, le chant des bûcherons; le soir, c'était la petite flûte de Bé. Il ne connaissait ni M. Rostand, ni Cyrano, ni les Gascons, Bé. Mais quand l'ombre tombait, de son noir manteau abritant la mélancolie, le mal du pays, Bé, voyant ses camarades la tête penchée, le regard vague, enfui là-bas, là-bas vers la cania familiale, Bé sortait sa petite flûte, en tirait des sons doux et tendres, il berçait ces grands enfants, il leur chantait... la chanson du pays.

C'était le calme, mais le calme plein de force, de vie.

Le 27.

Avant de sortir pour monter à la Yumbra, nous fûmes frappés de ne voir aucun Moï au camp. Mais le moï n'est pas matinal en général, ils viendraient tout à l'heure, pensâmes-nous. Xe, un moï d'Hon-Quan venu un jour en courrier avait été par nous embauché comme deuxième interprète, — Nhaï, le titulaire, était avec Féral, — Xe nous accompagnerait en cas de rencontre, car ma science linguistique n'égale pas encore celle de Baron qui voyage déjà sans interprète.

En route, pas de Moïs. Au retour, pas de Moïs.

— N'en as-tu point vu, demandai-je à Tanh resté de garde?

— Pas un.

Etrange, nous n'attachons cependant pas d'importance au fait... Coïncidence d'occupations, de plaisirs les ayant retenus... ils viendront demain.

Notre attention est d'ailleurs détournée par le courrier qu'apportent deux Moïs à la tombée du jour.

— C'est bien, qu'on leur donne à souper, qu'on les conduise à la sala, demain je les payerai et leur donnerai le courrier pour Hon-Quan. Il faut demander des chars, car d'ici à ce qu'ils soient au camp notre tâche sera sûrement terminée; il faudra aller de l'avant.

Et la soirée se passa, tranquille, au travail. La nuit, comme d'habitude, fut calme.

Je ne m'étais couché qu'après avoir clos le courrier pour Hon-Quan, Saïgon et la France; aussi, le 28, en me levant, mon premier soin fut d'appeler les hommes du tram afin qu'ils partent sans perdre de temps.

Mais... plus de tram, les deux Moïs avaient pris la poudre d'escampette sans attendre leur salaire...

— Bizarre...

— Et pas de Moïs ce matin...

Y aurait-il quelque chose? Quoi?

Puisque les Moïs ne viennent pas à nous, allons à eux.

— « 29 », les chevaux!

Et nous allons à Boek-Corre.

Personne dans le village, mais les gens travaillent dans le ray voisin.

— Où est Irap?

— Irap est sorti.

Nous causons, les hommes me paraissent embarrassés, mais il ne faut pas laisser vagabonder l'imagination. Les hommes de Boek-Corre ne sont pas venus parce qu'ils travaillent. Irap est sorti, cela lui arrive souvent. Les hommes paraissent embarrassés... peut-être sont-ils gênés par le nouvel interprète.

Nous laissons pour Irap l'ordre de venir nous voir demain et nous rentrons à Boek-Corre, sans être plus avancé qu'au départ.

Au camp, même abstention.

Il y a une cause, c'est évident maintenant. Laquelle?

Nous relisons le courrier d'Hon-Quan. Ne nous aurait-on rien signalé, pourtant nous avons bien lu, il n'y avait rien de particulier... Cependant, si, le trat est signé du secrétaire, M. Guénot est absent, dit-il...

Mais que peut avoir de commun l'absence de M. Guénot avec celle des Moïs, aucune, allons je rêve. Demain, nous verrons les Moïs.

En attendant voici la pluie, la première pluie.

Le ciel est chargé de cumulo-nimbus, des blancs, des gris perle, des gris sale, des noirs; les éclairs zèbrent l'horizon; le tonnerre interrompt le silence de la forêt...

Est-ce un présage?

... La tempête est déchaînée, les éclairs se succèdent flamboyants, le roulement du tonnerre gronde au loin...

Oui, mais la foudre ne tombe pas, elle reste suspendue.

. . . .

Un autre orage doit se préparer... mais les nuages qui le feront éclater sont encore loin, son roulement ne se fait pas entendre, peut-être n'existe-t-il qu'en notre esprit trop enclin aux comparaisons.

Hé mais, voilà le vent qui balaye les nuages, le tonnerre est rentré aux magasins, le ciel est pur, les étoiles brillent. Demain sûrement nos alarmes seront balayées elles aussi. En attendant, on veillera avec plus de prudence que jamais.

La nuit cependant ne m'apporte pas le calme, bien au contraire, mon angoisse grandit, car je songe à mes deux camarades. S'il y a danger, comment les secourir; l'un est à l'ouest, l'autre à l'est, chacun d'eux a emmené quatre tirailleurs, il ne m'en reste que deux, plus « 29 », Haï et Bé.

Pour soi on ne craint jamais rien, mais pour les autres, l'anxiété, l'attente est terrible...

Mais que j'étais sot, voici ce matin des Moïs de Boek-Morre, de Bu-Nu I, ils ne sont pas nombreux, mais enfin...

— Qu'y a-t-il, mes amis?

Les gens de Boek-Morre veulent me vendre du sésame
et acheter du sel.

— Et vous, Pam, Dô, de Bu-Nu, que voulez-vous?

— Dô a mal aux yeux.

— Bon, gens de Boek-Morre attendez, je vais soigner
d'abord le malade.

Le malade?... Mais il a des yeux superbes, limpides!...

— Combien voulez-vous vendre votre sésame?

. . . .

Comment, ils ne sont plus là?

Enfuis, envolés, marchands et malades.

Marché fictif, maladie imaginaire ou plutôt... examen
de la place, consultation politique.

Ça se corse.

— « 29 » et Tanh! à cheval, en armes, Irap n'est pas
venu, réitérez-lui de ma part l'ordre de venir, pas un
mot de plus, allez vite et revenez plus vite encore.

— Haï, toi qui vas quelquefois à Boek-Morre troquer
des boîtes de conserves vides contre des œufs, vas-y donc
avec Bé et tâche d'acheter des œufs... Tu as compris.

— Oui.

— Tiens, prends ma trompe de chasse, si tu es menacé,
appelle-nous.

Il ne me reste qu'un tirailleur, comment avertir Baron
et Féral! Et, d'ailleurs, en eussé-je plus, où les envoyer,
où sont aujourd'hui mes compagnons?

. . . .

Nos cavaliers rentrent bride abattue.

— Irap est en fuite, les gens de Boek-Corre ont démé-
nagé à l'exception de Kroon et de Loït!

. . . .

— Boek-Morre est barricadé, dit Haï, qui surgit... ils
font leurs paquets pour partir.

. . . .

Le ciel se charge encore ce soir, s'assombrit, l'orage
gronde.

Tel la nature, le Moï — il en est si près — assombrit notre ciel... la fuite d'Irap est bien l'éclair qui zèbre notre horizon, le brouhaha de Boek-Morre, c'est bien un grondement interrompant le silence de notre vie tranquille, mais aussi tel la foudre, qui n'est pas encore tombée sur le camp, le danger n'a pas encore éclaté... l'attaque et la foudre restent suspendus, planent...

Les feux sont doublés, tout le monde veille.

... L'orage se calme... le ciel brille.

Le Moï continuera-t-il à imiter la nature?

Jupiter a remisé ses foudres, le Moï rentrera-t-il les siennes? Voilà la question...

En attendant, ouvrons grand le second œil; le premier, malgré l'accueil des premiers jours, était cependant resté attentif, il faut aujourd'hui ouvrir les deux et grands.

Ce qui nous préoccupe n'est pas le danger, le hasard du destin. Non. Allah est grand! et nous nous répétons encore une fois : Fais ce que dois, arrive que pourra; mais ce qui surexcite notre curiosité, jusqu'à l'aigu, c'est l'inconnu, le *pourquoi?*...

Pourquoi cette révolution?

Faisant, comme à la veille d'un combat, notre examen de conscience, nous ne trouvons rien à nous reprocher : ni brutalité, ni brusquerie; point de colères, point d'emportements; pas de surmenages; pas d'exigences; aucun mauvais procédé. Au contraire, on a usé de douceur, de patience, de calme et de patience encore; on a ménagé le travail et restreint les corvées; on a récompensé largement les services rendus. Le travail a été payé scrupuleusement, l'hospitalité reconnue avec prodigalité, les cadeaux reçus ont eu pour réponse des présents magnifiques; les malades ont été soignés, les femmes respectées, les enfants gâtés. Mœurs et coutumes ont été pour nous sacrées!

Nous avons enseigné, amélioré déjà un peu l'existence du Moï.

Nous avons eu soin de faire remarquer que nous n'imposions ni corvées, ni prestations. Travaille qui veut, avons-nous dit, et nous avons payé.

En retour, le Moï était hospitalier, affable, docile, il se montrait obéissant, respectueux, empressé, on peut même dire qu'il prévenait nos désirs...

Alors... Pourquoi?

L'orage céleste s'explique... chaleur... électricité...

L'orage moï est inexplicable. Pas un renseignement, pas un avis pour nous éclairer dans les ténèbres, nous guider dans ce labyrinthe; pas le moindre grain d'indice ni de trace... pour apaiser l'impatience, calmer notre anxiété.

Le pourquoi?... reste, gigantesque épée de Damoclès suspendue au dessus de notre tête.

Le 30,

la journée s'écoule lente, dans un silence de nuit, dans un calme matériel ironique. Vers 3 heures, le ciel se charge, la pluie tombe torrentielle, mais bientôt elle cesse, le ciel se rassérène, s'irradie d'un doux arc-en-ciel et Baron fait son entrée dans le camp.

Je respire un peu, il est sain et sauf, si Féral pouvait rentrer lui aussi, mon angoisse prendrait fin, resterait seule la question moï; mais pour inquiétante qu'elle soit, irritante plutôt, on finira bien que diable par la résoudre, si embrouillé que soit l'écheveau, on le dévidera bien un jour. Que nos deux compagnons et leurs hommes soient saufs, c'était ce que je souhaitais le plus ardemment.

Enfin en voici un avec ses tirailleurs.

— Quelles nouvelles apportez-vous, Baron?

— Mais, aucune. Pourquoi votre ton est-il anxieux?

Il ne sait rien. Remontant la rivière il fut dès le début obligé d'abandonner son radeau, les récifs et les rapides étant trop fréquents, il a suivi la rive droite et l'a reconnue.

Mais la région est plus accidentée, la forêt plus impénétrable qu'au centre de notre terrain reconnu; il est revenu par la rive gauche, suivant des sentiers de Moïs, de con-naïs, en trappeur, en chasseur. Il ne sait rien de la situation et reste stupéfait quand nous la lui exposons.

Lui aussi ne comprend pas. Lui aussi rappelle ses souvenirs, retrace notre existence depuis que nous sommes ici, il examine attentivement tous nos actes à Boek-Corre. Rien, rien, il ne trouve rien qui puisse avoir donné lieu à une plainte, avoir donné naissance à une crainte, lui aussi s'écrie : « Pourquoi? »

Que faire?

Attendre. Attendre le retour de Féral, mais aussi attendre la fin de l'histoire, il faudra avoir le mot de l'énigme.

Si, pour la cause qui reste inconnue, notre action a perdu du terrain, si nos semailles ont été endommagées il faudra regagner le terrain, l'ensemencer à nouveau, mais encore faut-il connaître la cause, faut-il savoir s'il y a terrain perdu, dommages? C'est toujours le terrible, l'horripilant pourquoi?

Le 31

semble n'apporter aucun éclaircissement, la matinée s'est écoulée sans aucun incident... nous en sommes à souhaiter les incidents! au moins on saisirait quelque chose, l'on tenterait d'en tirer un indice; mais rien, le silence, le vide autour de nous.

Féral ne doit pas tarder, je lui ai assigné le 1ᵉʳ avril comme terme extrême de sa reconnaissance... Attendons!

A 2 heures — je travaillais... par un geste familier, je lève la tête; non pour regarder, pour poursuivre la traduction d'une idée, mon œil ne doit rien voir, c'est en dedans qu'il regarde...et cependant il voit!..il voit des Moïs!

Borth et dix de ses hommes sont là, accroupis sur leurs talons au seuil de notre case !

Par quelle trappe ont-ils surgi? Décidément ce pays si simple est truqué comme une scène de féerie.

Ah! ils sont là... bien... ils nous ont fait attendre... faisons-les attendre. C'est leur tour.

Ce n'est pas que l'envie nous manque de leur parler, de les interviewer.— Oh! certes, nous en grillons d'envie, mais l'empressement est *Français*, la question trop rapide trahirait notre inquiétude, du calme! du calme plus que jamais.

Et puis nous avons attendu, attendu des jours, des nuits, attendu des heures, qu'est-ce que l'attente de quelques minutes? Et encore l'attente passée était bourrelée d'incertain, d'indéfini, c'était l'attente noire combien cruelle; là notre attente est pleine de promesses, l'incertain va devenir le certain, l'indéfini va prendre une forme, c'est l'attente claire, l'attente douce celle-là.

... Enfin notre travail peut s'interrompre, l'attente de Borth est suffisante, car Borth, chef de Bu-Nu I est devant nous depuis une heure.

— Bonjour, que voulez-vous?

— Vous prier de soigner trois malades.

— Ah! mal aux yeux. Allons, approchez.

Non, ma foi, aujourd'hui c'est sérieux, deux belles opthalmies, bien corsées, et cet autre, qu'a-t-il? Oh! un superbe furoncle.

Ça va bien.

Tien! eau chaude, pharmacie, trousse, linges, serviette.

Quand les yeux sont nettoyés, injectés de collyre, quand le furoncle a été crucifié, vidé, lavé, injecté lui aussi d'eau bichloratée, nous ne savons encore rien, mais nous venons d'apprendre à attendre encore.

Nous ne demanderons rien à Borth, ni à ses gens, on va les envoyer mariner avec Xe, l'interprète, un petit bonhomme très débrouillard, très fin, très froid.

Borth, les malades soignés, nous remet de la laque, des rotins qu'il nous a apportés, « pensant nous faire plaisir », deux œufs, souvenir de sa femme.

— Baron, payez laque et rotin, faites un présent pour Mme Borth et envoyez son mari et ses gens se reposer chez Xe, ils doivent être fatigués! ils doivent avoir chaud, avoir soif, faites donner deux bouteilles de chum-chum à Xe...

Laissons macérer, laissons au chum-chum le temps de réchauffer les cœurs, à ses vapeurs le temps d'embrumer la prudence, de délier les langues.

Mais voilà encore du nouveau, un carillon de clochettes! Ce sont les chars demandés à Hon-Quan, probablement. De loin, de bien loin parvient le gai tintinnabulement, tantôt clair, tantôt assourdi par un rideau de bambous; léger d'abord, il est ensuite plus grave, faible, il devient fort, il approche... les chars arrivent.

Une lettre d'Hon-Quan va, sinon éclaircir le mystère, du moins nous mettre sur la voie.

Il y a un pli... mais il ne contient que le trat indiquant le nombre de chars envoyés et le nom des charretiers; pas un mot, pas une nouvelle... c'est signé : Dat, secrétaire. Tout ce que nous apprenons, par déduction encore, c'est que M. Guénot est toujours absent du poste.

Les charretiers ont pu, en route, récolter des renseignements, employons avec eux le même système qu'avec Borth, mais ne les laissons pas communiquer avec les gens de Bu-Nu.

Tien est un garçon habile, subtil même, il va les emmener au quartier des tirailleurs goûter notre chum-chum.

C'est bien le diable, aujourd'hui, si, dans une heure, nous n'avons pas la clef de l'intrigue.

Les bouteilles de chum-chum sont vides, les jarres à renseignements sont pleines, les vases ont bien communiqué, le principe est toujours bon. C'est un peu noir, une bouteille à l'encre. Filtrons.

Précipité de la première jarre : « On a annoncé que nous allions prendre les Moïs et les emmener captifs à Saïgon. »

« Les gens de Boek-Morre ont reproché à Irap sa bienveillance pour nous et l'ont menacé de mort. »

Soutiré de la seconde jarre : « Une armée arrive nous rejoindre; les Moïs seront pris, enchaînés et emmenés à Hon-Quan casser des cailloux sur les routes. »

Ah! enfin, nous tenons quelque chose et quelque chose de bon, nous allons pouvoir analyser et, à première vue, il semble tout d'abord évident que le Moï n'a pas changé spontanément de sentiment à notre égard.

Les gens de Boek-Morre font de l'opposition, mais au début ils nous avaient bien accueilli et il paraît évident qu'une cause étrangère aux Moïs a déterminé cette opposition.

Les événements ne sont jamais absolus, leurs produits sont divers, leurs résultats dépendent des caractères; avec l'angoisse, l'événement présent, recèle peut-être la joie? Attention, écartons l'une et profitons de l'autre; soyons prudents, écartons le danger et saisissons l'occasion favorable si elle se présente; nous sommes en montagne, au réel comme au figuré, pas de vertige! gare à l'abîme et escaladons fermement l'escarpement qui nous cache la lumière.

Quelques gouttes de teinture de tournesol, alias quelques minutes de réflexion...

— Filtrez, Baron. Que voyez-vous?

— C'est clair..., je vois quelqu'un qui marche sur nos derrières, les Moïs auront été inquiétés. Oui, c'est bien cela, c'est limpide; mais qui marche? Pourquoi ne pas nous avoir prévenus?

Il faut envoyer aux nouvelles à Hon-Quan, attendons toutefois le retour de Féral. S'il n'était pas là demain, nous irons à sa rencontre.

Enfin le pourquoi est moins ténébreux, il s'éclaircit et demain peut-être sa terrible vrille interrogative nous servira-t-elle à faire sortir la vérité.

A 9 heures du matin, le 1er avril, la sentinelle crie :

— Alerte!

— ?

— On marche sur la route de Boek-Corre, écoutez... Oui, on entend même une clochette.

Quelques instants après Féral arrive, la planchette au cou, tranquille et souriant : Nghüorte le suit sur son éléphant.

— Eh bien, quelles nouvelles!

— Hein, vous avez dû être surpris en lisant mon message? s'écrie Féral.

— Quel message?

— Comment, vous n'avez pas reçu ma lettre? En arrivant à Bu-Ton j'ai vu du trouble, je me suis renseigné, j'aurais voulu partir de suite et vous avertir moi-même, mais les tirailleurs avaient vraiment besoin de repos, j'ai dû séjourner une journée à Bu-Ton, mais je vous ai envoyé un tram, le fils de Nghüorte.

— Rien reçu, pas vu le fils de Nghüorte. Enfin, qu'y a-t-il?

— Les Moïs, reprend Féral, racontent qu'une forte troupe de Français est en route, ils la supposent de concert avec nous pour cerner la région, les prendre et les emmener en captivité.

Mon arrivée inopinée n'était pas faite pour les détromper, au contraire, mais ma retraite les calmera, d'autant que Nghüorte a cru à mes paroles rassurantes, il a exhorté ses gens au calme, il a même désiré venir vous voir, il a confiance en vous et veut vous demander conseil.

. . . .

Et Féral rend compte de sa mission topographique;

il n'a pu avancer sur le Song-Bé qu'au prix de mille efforts, contraint dix fois de démonter son radeau, d'en transporter les bambous au delà de rapides infranchissables et de le reconstruire pour poursuivre, jusqu'au jour où il s'est aperçu qu'en continuant ainsi il manquerait au rendez-vous inflexible que je lui avais assigné; il a alors amarré son radeau, le bagage était de peu d'importance et il a gagné Bu-Ton par terre.

Il rapporte le levé de la rivière sur 27 kilomètres avec sondages fréquemment répétés. Nous en dresserons la carte.

Il appert de cette reconnaissance que le Song-Bé n'est ni navigable, ni flottable aux basses eaux entre Dong-Bong-Tay et Bu-Ton. C'était également la conclusion de la reconnaissance amont de Baron, mais les sondages avec l'indication des crues permettent de savoir qu'aux hautes eaux on pourrait aller en pirogue sur la rivière et y faire flotter des trains de bois; les sondages consciencieusement relevés seraient bien utiles aux bateliers.

C'est bien.

Pour les renseignements politiques, Féral n'en rapporte que de Bu-Ton; pour gagner Dong-Bong-Tay au jour dit il a suivi la route sans s'arrêter dans les villages, forçant l'étape, interrompue seulement par la nuit au plateau des Herbes sèches. Mais sa récolte politique est néanmoins aussi bonne que sa moisson topographique.

Ah! il oubliait : il a trouvé au ruisseau de Boek-Clum, un campement de mercantis annamites qui lui ont marqué leur satisfaction d'avoir trouvé la route tracée : ils venaient tous les ans dans la région, mais, auparavant, s'étaient toujours arrêtés à Tong-Kuit sans oser se risquer plus loin.

Et puis il a noté encore qu'en venant du Song-Bé à Bu-Ton, il a rencontré dans les quelques villages où il s'est arrêté des gens des cantons annexés qu'il n'a pas songé à interroger. Allons, c'est très bien Féral, vous avez

bien sondé le Song-Bé, mais, une autre fois, songez aussi
à sonder les gens que vous rencontrerez sur votre route.

Quant à Nghüorte, le procédé liquide opérera sans
doute sur lui aussi bien que sur Borth, qu'il se repose et
que Nhaï, puisqu'il est de retour, lui offre une bonne bouteille de chum-chum.

Le charme est d'ailleurs rompu, le Silence qui nous
enserrait a fui, la Vie circule dans le camp, voici des
Moïs.

— Qu'est-ce? un blessé?

Un homme s'avance péniblement, soutenu à droite
et à gauche par des camarades, une femme suit en
pleurant.

— Où cet homme est-il blessé?

— Il n'est pas blessé, mais il va mourir.

— Comment, il va mourir, qu'en savez-vous?

— Le Sorcier que nous venons de consulter a dit qu'il
sera mort demain, que son mal est incurable.

Ciel! quelle occasion peut-être!

Voyons, osons, ne laissons pas échapper l'occasion qui
passe, elle est unique, saisissons-la.

— Voulez-vous que je regarde le malade, mes amis,
les sorciers se trompent parfois...

Les hommes et les femmes se concertent, consultent
le malade.

— Oui, ils veulent bien.

Esculape, fils d'Apollon, protège-nous! Hippocrate,
divin vieillard, dirige-nous! inspire-nous!

Scrupuleux, minutieux, on le pense, sera notre examen,... c'est une pleurésie! Que la corneille qui croasse
en haut de l'arbre voisin m'éborgne si ce n'est pas une
pleurésie.

— Esculape était fils de Coronis, murmure ironique-
ment Baron, il vous envoie au contraire la corneille,

dit-il en riant. Baron est un puits de science, mais fervent catholique, et, tout respect gardé, n'est pas fâché de se moquer de mon panthéisme.

Mais, nous n'allons pas entamer de discussion philosophique, *non hic est .locus*, il y a là un malade et un malade doublement sacré puisqu'il peut devenir un instrument providentiel pour nous.

— Mes amis, dis-je aux Moïs et à la femme, je ne vous promets pas absolument de guérir le malade, mais si vous voulez, je vais essayer, faire tout le possible, seulement il faut qu'il reste au camp, il a besoin de soins de jour et de nuit.

Les Moïs acceptent et s'en vont me confiant leur malade; on lui fait un lit, on le couche, je fais grâce du traitement quelque peu empirique; ce qui importe, c'est que notre client ne mourra pas.

Demain il ne sera pas mort, comme l'avait prédit le Sorcier et dans huit jours nous le verrons trotter.

Le soir est arrivé, nous allons pouvoir interroger Nghüorte, il doit être mûr... Hélas! il est plus que mûr et malheureusement Nhaï aussi, ils sont blets : *In vino veritas... sed etiam ebrietas!*

Et malgré nous, nous sommes obligé de dire comme Pétrone : à demain les affaires sérieuses.

Demain! Est-ce donc demain que nous parlerons?

La situation est-elle favorable? Est-ce le moment? Le fer est-il assez chaud pour être forgé?

Nous nous rendormons encore irrésolu.

Le conseil qu'a apporté la nuit... Prudence et Fermeté.

Fermeté... est-ce Audace? faut-il se risquer, parler?...

Prudence... est-ce Silence? faut-il surseoir, attendre?...

Parler de soumission, ce serait boucler, et il en est

temps... mais ne serait-ce pas aussi le signal de la nouvelle fuite des Moïs...

Nous sommes pleins de fièvre à cette idée...

. . . .

Le Moï, le bon Moï, comme nous disions naguère, le brave Moï va calmer nos alarmes, ce sera encore lui, qui, en cette occurrence, prendra l'initiative et viendra au devant de nos désirs.

Borth, le chef de Bu-Nu I se présente en grande tenue le 2 au matin.

En quoi consiste la grande tenue moï?

Elle ne diffère de la petite que par une plus grande propreté, un soin plus minutieux; elles sont d'ailleurs aussi rudimentaires l'une que l'autre :

Les pieds sont nus, les jambes ornées de la cheville au mollet de bracelets de cuivre, simple fil de laiton savamment enroulé; à la ceinture un pagne qui porte ici le nom de trogn, pièce d'étoffe de 3 à 4 mètres de long sur 30 centimètres de large; un premier tour serre les reins, un second s'emboîte entre les cuisses, un troisième tourne autour des reins et permet de ramener les franges d'une extrémité sur le côté alors que les autres s'étalent au-dessous du ventre pour cacher les parties. Torse et bras nus; aux poignets, bracelets de cuivre analogues à ceux des jambes, les élégants les portent jusqu'au coude. Au cou un collier de perles. Les cheveux bien peignés sont fièrement troussés en un fort chignon retenu par un peigne de bois et orné de grandes épingles de cuivre empennées de façon originale. A l'épaule, l'immuable coupe-coupe, à la ceinture un petit couteau, à l'épaule gauche le carquois et les flèches, à la main droite l'arc, au poignet droit la lance.

C'est en cet équipage que Borth se présente.

— Nhaï, dit-il à l'interprète moï, je viens pour quelque chose de grave, il faut que je parle sur-le-champ à M. Baron.

Nhaï, effrayé, accourt prévenir Baron qui s'empresse.

— Qu'y a-t-il Borth?

« — Voilà, Monsieur, le grand chef blanc est bon avec
« nous, nous l'aimons tous, il a des fusils et saurait nous
« protéger en cas de danger, je veux lui obéir toujours.
« Il faut pour cela qu'il vienne à Bu-Nu.

« J'assemblerai tous mes hommes et en cérémonie
« je lui prêterai serment de fidélité. Dites-lui de ne pas
« nous refuser. Que deviendrions-nous s'il refusait, qu'il
« choisisse le jour, nous ferons comme il voudra. »
(*Scrupuleusement copié sur la sténographie de l'interprète Baron.*)

Baron accourt me prévenir, il est tout ému... et moi
donc! Ma foi qu'on se moque de nous si l'on veut, mais
nous nous embrassons. Comment! ils ne fuiront pas à
l'idée de soumission?... Ils viennent d'eux-mêmes!

L'Esprit de la Forêt est vraiment un bien grand Génie
qui inspire joliment bien les Moïs, je lui consacrerai
aujourd'hui douze foies de coq!

Mais Borth attend anxieux. Pauvre Borth, lui aussi
j'ai envie de lui sauter au cou, mais il faut se contraindre.
Pour rester digne nous ferons transmettre notre réponse
par Baron.

— Dans deux jours nous irons à Bu-Nu.

Le vieil homme, le Français aurait voulu sauter à
cheval et galoper à Bu-Nu; le jeune, le nouveau, l'Asiatique lui dit : Calme-toi vieil Européen, vieux Français,
cache ta joie, ne montre pas d'empressement, attends,
fais-toi désirer et le pauvre vieux s'incline devant son
jeune moi, et reste au fond de la case penché sur la carte.

Nghüorte a été tenu à l'écart afin qu'il ne puisse
communiquer avec Borth. Quand ce dernier s'éloigne
avec Nhaï, nous faisons avancer le chef de Bu-Ton, Xe
traduira :

— Eh bien, Nghüorte, qu'y a-t-il? Tu vas bien?

— Je veux me mettre sous votre protection.

C'est bref, à l'encontre des tournures asiatiques habituelles, Nghüorte a été droit au but.

— Je serais heureux que vous vinssiez à Bu-Ton, reprend le Moï, j'assemblerais les gens de tous les villages d'alentour, votre visite les rassurerait, car ils ont peur et veulent fuir, et en leur présence je vous jurerais fidélité.

Les mauvaises nouvelles défilaient naguère, les bonnes les remplacent aujourd'hui, juste changement des choses d'ici bas, juste, bien juste à notre avis.

Calme nous fûmes devant Borth, impassible nous resterons devant Nghüorte. Notre joie est pourtant grande, bien grande... plus grande elle est, plus il faut la cacher.

—C'est bien, Nghüorte, toi et tes camarades pouvez être tranquilles, nous te dirons demain le jour de notre visite.

— Allons, c'est fait, Baron, Féral, mes chers compagnons, encore quelque effort, la moisson de la Yumbra sera engrangée et nous pourrons partir, continuer, aller labourer et semer ailleurs.

La joie à tous trois se manifeste diversement, Baron chante, Féral prend son Lefaucheux et me demande la permission de chasser jusqu'à la fin du jour.

— Allez tous deux, mes enfants, vous avez bien gagné un peu de plaisir.

Pour moi, je reste, je demeure rêveur.

Si l'anxiété, l'inconnu, le doute m'horripilent, m'exaspèrent, m'irritent, si le danger me laisse froid, m'intéresse, m'amuse même, la joie m'enfiévre, me paralyse, me fait peur...

Nous paraissons réussir, cela me paraît impossible alors qu'avant il me paraissait impossible qu'il en fût autrement... mystère du cœur humain...

Devant l'obstacle, je n'hésite pas, je veux, je peux le franchir.

Cela fait, j'hésite, ma volonté se débande, je reste anxieux.

Ma joie s'est muée en perplexité.

Allons, secouons-nous, c'est bien simple, mettons un nouvel obstacle devant nous. Il faudra bien, pour le franchir, se ressaisir, vouloir et, mordienne, nous le franchirons encore.

Donc les Moïs égaillés, paraissent rappeler, assemblons-les, organisons.

La boucle du Song-Bé que nous venons de reconnaître formera un territoire : La Marche de la Yumbra.

La Marche sera divisée provisoirement en quatre Cantons : Boek-Corre, Bu-Ton, Boek-Tholm et Bu-Carre.

Nous manderons au camp tous les Moïs, nous nommerons les chefs.

L'épreuve que nous venons de traverser va nous servir de pierre de touche, ceux que nous avions en vue seront nommés s'ils sont restés fidèles, s'ils hésitent ou s'ils résistent nous en choisirons d'autres.

Voilà qui est décidé... et ce sera exécuté!

Le 3,

je fais appeler Nghüorte.

— Quand tu auras dormi cinq nuits, j'arriverai chez toi.

Tu vas donc t'en aller et convoquer tous tes Moïs pour le jour dit.

— Tu vas aussi emporter trois piculs de sel que je te confie. Je veux qu'il y ait un dépôt de sel à Bu-Ton pour les Moïs d'alentour; quand ils en auront besoin tu leur en vendras à prix raisonnable; quand tu n'auras plus de sel, tu viendras ici, si j'y suis, ou tu iras à Hon-Quan, si je suis absent, tu apporteras les marchandises

reçues en échange du sel, on te rendra des sacs de sel
et tu recevras une récompense.

Nous avons songé, en effet, à créer des dépôts de sel,
matière si désirée du Moï et qui jusqu'ici ne lui parvient
que de cinquième, sixième, dixième main et qui lui est
échangée contre cinq, six, dix fois sa valeur en cire,
peaux, cornes ou résine.

Cette mesure est peut-être doublement opportune,
nous l'avons donc réalisée.

Nghüorte a accepté avec une joie qu'il n'a pas cherché
à déguiser. Son éléphant a été chargé, ils sont partis
emportant le sel... et la bonne parole, l'un assaisonnera
l'autre et tout sera peut-être pour le mieux.

Avant de laisser s'éloigner Nghüorte j'avais pris son
diem-thi, mensuration usitée en Indo-Chine, qui consiste
à marquer sur un papier ou une lamelle de bambou les
lignes séparant chaque phalange de l'index de la main
gauche. Il paraît que c'est infaillible comme signalement;
pas un seul index en Asie ne se ressemble!... dit-on.

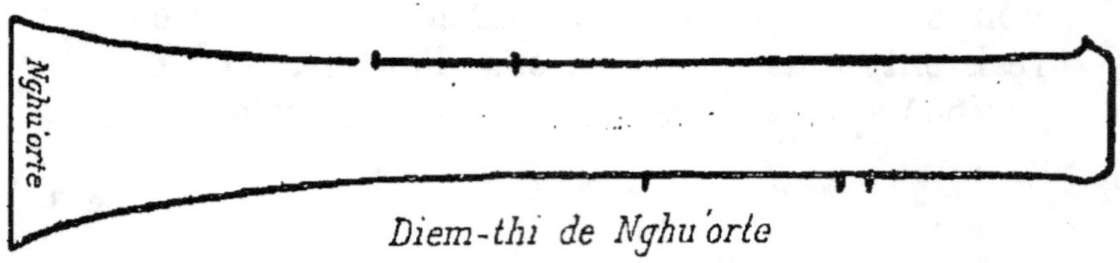

Diem-thi de Nghu'orte

Nous prendrons le demi-thi de tous les chefs, cette
mesure aura double utilité. D'abord, en cas de fuite, la
recherche de l'individu pourra être faite et son identité
reconnue par d'autres que ceux qui le connaissent personnellement.

Puis, comme les Moïs ne savent ni écrire, ni lire, si
l'on veut les mander il est aujourd'hui impossible de
leur envoyer un trat, il faut se contenter d'un simple
message verbal; maintenant, quand je voudrai mander
un chef, je pourrai confier au tram son diem-thi,

revêtu de mon sceau, à sa présentation le chef sera certain que c'est bien moi qui l'appelle.

Mais l'architecte et l'entrepreneur nous appellent...
Pour se reposer de leur reconnaissance, ils ont travaillé à la maison.

Oh hisse! oh hisse! hannent les tirailleurs.

Hardi! Hardi! crient Baron et Féral.

Han! Han! soufflent les Moïs.

Bravo! Bravo! puis-je m'écrier à mon tour. La première ferme de la maison du Poste n° 1 se dresse toute fière.

Les autres, déjà préparées, sont soulevées, élevées, dressées; elles sont en place.

La grosse charpente est faite, il ne s'agit plus que de clore et couvrir, ce sera vite fait, car il y a rivalité de zèle entre Baron et Féral, entre tirailleurs et Moïs.

— Hé, mais les enfants, c'est Pâques aujourd'hui, c'est fête! Allons, vite, lâchez tout; il est 5 heures! Qu'on ouvre la porcherie et la poulerie, qu'on fasse largesse aux tirailleurs et aux Moïs. Et vous, Baron et Féral, venez, nous allons, ma foi, boire une bouteille de champagne que vous n'aurez pas volée!

Et la journée s'achève, c'était la deuxième depuis la venue de Borth.

Si les jours nous ont semblé courts grâce au travail, les nuits sont terriblement longues; rebelle au sommeil nous songeons : Est-ce bien possible? Le Moï indépendant accepter notre autorité?... C'est un rêve...

Enfin, depuis l'invitation de Borth le soleil se lève pour la deuxième fois. C'est le 4 avril et un lundi, Nous aussi nous nous mettons en grande tenue : un costume blanc emporté par erreur fait l'affaire, le hochet rouge enfoui au fond d'une caisse verra la cérémonie. Baron taille des crayons. Nhaï, l'interprète Moï, inaugure un complet neuf que nous lui donnons pour la circonstance; les tirailleurs sont astiqués et propres comme pour le 14 juillet. Nos chevaux ont fait toilette, les harnachements brillent.

En route! nous emmenons peu de monde, pour marquer notre confiance : Baron, « 29 » portant fièrement le fanion et un tirailleur monté. Les sacoches sont bondées de présents. Nous galopons suivis à la course par Nhaï. Mais halte, les Français, au pas, voici Bu-Nu.

Borth nous attend. A notre arrivée il fait abattre la palissade qu'il avait reconstruite.

Il nous introduit d'abord dans la maison où toutes les femmes nous sont présentées; des présents leur sont offerts; mais la cérémonie nous réclame, Borth vient nous prier de descendre.

Il nous mène à la sala où tout est préparé; un bol rempli d'eau, un autre plein de bétel, un troisième vide, deux chandelles de cire sont allumées, des brins de coton filé sont apprêtés, les hommes font cercle. Sur un signe de Borth, un cochon ligoté est apporté, on lui fait une incision au flanc et son sang est recueilli dans le bol vide.

Le Chef, qui jusqu'à ce moment se tenait fièrement campé en face de nous, se prosterne alors à nos pieds, il nous dit : « Que lui et ses hommes comptent sur nous pour les protéger, qu'ils sont prêts à obéir à tous nos ordres et que, si nous consentons, il va *prêter serment de fidélité*. »

Nous acquiesçons et suivant le rite que Nhaï nous a enseigné, pour marquer notre volonté, prenant un brin de coton nous le trempons dans l'eau, ensuite dans le sang puis nous l'attachons en bracelet au poignet droit de Borth.

Celui-ci se redresse comme un ressort, campé droit, la tête haute, le regard fier et clair nous regardant bien en face, il lève, tel un Français, la main droite et jure de nous obéir et de nous être fidèle, il termine par une promesse terrible : « Le jour où je vous serais infidèle, dit-il, je serais déshonoré et je me tuerais. »

Comme marque de son serment, il nous attache à son

tour, au poignet gauche, un brin de coton préalablement trempé dans l'eau et le sang.

A l'issue de la cérémonie concert de gongs; l'infortuné cochon est grillé tout entier, la ripaille commence et après que nous avons tiré la première pipée à la jarre de vin de riz nous nous retirons, reconduit à notre camp par Borth et quelques-uns de ses hommes.

On n'illumina pas le soir à Dong-Bong-Tay, mais ce fut fête en nos cœurs, le sommeil bienfaisant nous berça de rêves qui, au réveil, cette fois, devaient se muer en réalités.

Les Moïs n'ont pas lu Rabelais, ils imitèrent cependant les moutons de Panurge.

Dès le lendemain un nouveau chef vint nous convier au serment de fidélité et ce fut bientôt un défilé.

Nous n'avions plus aujourd'hui besoin de prendre autant de précautions que le premier jour de la série, avec Borth. Nous cèlerons notre joie, mais nous accepterons les invitations immédiatement et nous y rendrons sur-le-champ.

Les petits chevaux ont eu du repos, repos forcé, aujourd'hui il faut qu'ils trottent, qu'ils galopent.

Le 5, nous recevons le serment de Blé, de Ijaï, de Jup. Le 6, c'est à Bu-Tân, à Boek-Corre II qu'ont lieu les cérémonies. Partout même empressement, même soumission, même protocole, les brins de coton s'étagent à mon poignet.

Les diem-thi des chefs s'alignent aussi dans une case du coffre, car c'est maintenant une nouvelle opération qui ne sera jamais omise.

Nous rentrons tard, Haï nous gronde encore, terrible Haï.

— Il est 4 heures et monsieur pas déjeuné! Quand ça dîner alors?

C'est un détail bien peu important pour nous et puis aujourd'hui Bréou est là...

Nous n'avons pas encore présenté Bréou, familière du camp depuis notre arrivée.

Bréou, fille de Bôm, chef de Boek-Roaï II est notre petite gâtée, notre « grande amie »; c'est elle qui le dit et nous le pensons.

Mlle Bréou doit avoir, à en juger par sa taille, de 6 à 7 ans. On est, pour l'âge, obligé de s'en rapporter aux apparences, non seulement il n'y a pas d'état civil, mais les Moïs ne conservent aucun souvenir de la naissance de leurs enfants.

Bréou est hardie comme un moineau, elle vient s'asseoir sur mes genoux et me regarde de ses grands yeux de gazelle.

Et moi aussi je regarde Bréou, longtemps, bien longtemps, car mes yeux se sont obscurcis... le teint de Bréou a pâli, ses yeux bruns sont devenus noisette, ses cheveux noirs sont blonds...

Ah! n'avoir même pas le droit de pleurer! même devant un enfant. C'est dur... car mon esprit s'est envolé loin, bien loin, mes yeux sont si bien voilés que je crois avoir Suzelle, ma fillette, sur mes genoux.

Voilà pourquoi j'aime tant Bréou, ma grande amie, ma petite gâtée, la fille de Bôm, chef de Boek-Roaï II, qui reste longtemps, si longtemps sur mes genoux.

— Nous allons bientôt nous quitter, Bréou, les chars ont déjà commencé notre déménagement.

.   .   .   .

Nous allons partir, partir pour Phu-Trith, car pour aller à l'est il nous faut redescendre. Baron vient, dans sa tournée, de reconnaître le passage, ardu, au nord-nord-est; ici, en piquant droit à l'est, nous rencontrerons un vallonnement terrible, des rampes impossibles; en infléchissant légèrement au sud, nous trouverons peut-être un passage plus facile, c'est ce qui nous décide à redescendre à Phu-Trith.

On nous a envoyé peu de chars, mais comme nous avons encore du travail à terminer ici, ils auront le temps de faire plusieurs voyages. Donc le déménagement commence.

Le 7,

laissant le camp à la garde de Féral, après avoir visité notre malade, notre Moï pleurétique à qui nous pourrons bientôt signer son exeat, nous partons pour Bu-Ton.

A Boek-Corre, Irap n'est pas encore rentré, cela est singulier. Comment Irap l'hospitalier, Irap le magnifique, rebelle à ce point. Je ne puis le croire, il doit y avoir une cause inconnue, nous la chercherons; en attendant, comme le village ne peut rester sans chef, les hommes étant rentrés, nous déléguons les fonctions de chef de village à Loït, qui est resté fidèlement pendant la tourmente.

Nous rencontrons le tram, nouvelles de France, pas de nouvelles d'Hon-Quan. Bizarre.

Continuons notre route non sans faire un crochet à droite pour nous arrêter aux deux Boek-Roaï, et une autre oblique à gauche pour gagner Bu-Chol, Bu-Ru et Bu-Jàle où nous recevrons le serment de Bôm, père de mon amie Bréou, de Ru, etc. D'autres invitations nous attendent sur la route, mais nous devons les remettre au retour, sans quoi nous manquerions le rendez-vous de Nghüorte.

Mais dans chacun de ces villages il nous a semblé voir des figures nouvelles, c'est une impression, un frôlement de la rétine, un frisson de l'instinct.

— Avez-vous remarqué, Baron?

— J'ai fait mieux, monsieur, j'ai interrogé. A Boek-Roaï I, il y avait deux gaillards qui n'étaient pas du village, Moïs annexés ils ont prétendu venir réclamer des dettes; à Boek-Roaï II, même allégation de deux autres annexés, j'ai même remarqué que les termes du boniment étaient identiques; à Bu-Chol, Bu-Ru, Bu-Jàle j'ai été également frappé par la présence dans chacun des villages d'une paire d'individus qui m'ont fait l'effet de compères, accouplés comme des Siamois, récitant une leçon, car ceux-là aussi m'ont tous débité la même chose : ils viennent échanger de la cire contre du sel.

— Etrange, qu'en pensez-vous, Baron?

— Il faudra voir...

En attendant, trottons, car la nuit galope.

Nous ne pourrons atteindre Bu-Ton, nous avons fait trop de haltes, hé bien, on couchera à Bu-Trom. Nous serons bien reçus, Fer sera content.

On prend donc un sentier à gauche et à la lucur des torches on gravit la colline, car la nuit nous a gagnés. Ah! voici Bu-Trom.

— Hé, mais ses palissades sont fermées.

— Holà, Fer!...

— Cho! ouvrez!

Silence complet. C'est étrange!

J'appelle Fer, pensant qu'il reconnaîtra ma voix. Rien. Derrière la palissade personne.

Nhaï lève son coupe-coupe et veut sans plus de façon se frayer un passage, j'ai beaucoup de peine à lui faire rengaîner son coupe-coupe et encore plus de mal à lui faire entendre raison.

Il n'admet pas qu'on me résiste... que les portes ne s'ouvrent pas devant moi... que je ne châtie pas.

— Non, Nhaï, de la patience, Fer est un brave homme, il doit avoir une raison, continue plutôt à l'appeler.

Enfin, au bout de trente minutes de cris, d'appels, une torche sort d'une case, elle est suivie d'un bras, d'un corps... c'est Fer.

Il vient jusqu'à la palissade.

— Je suis désolé, dit-il, de ne pas vous ouvrir, grand chef blanc, nous vous aimons, nous vous obéirons, mais ce soir il n'y a pas moyen de vous ouvrir...

— Comment, qu'est-ce que c'est que cette plaisanterie?

— Je ne plaisante pas, je n'aurais même pas dû ouvrir ma porte et vous parler, mais j'ai voulu que vous ne soyez pas trop fâché, j'ai voulu vous offrir mes excuses.

— Mais sapristi, je suis très fâché, je n'ai que faire de tes excuses, offre-moi des explications et surtout ouvre-moi la porte.

— Impossible d'ouvrir.

— Et pourquoi?

— Notre grande truie a mis bas ce matin.

J'avoue que je ne vois pas de rapprochement entre l'accouchement de la truie et la fermeture de la palissade, j'ai même, malgré l'heure avancée et la situation précaire, envie de rire, mais mon regard est attiré par la mine piteuse, déconfite de Nhaï.

— Qu'y a-t-il donc, mon pauvre Nhaï?

— La truie a accouché, monsieur! pas moyen d'entrer...

Comment! lui aussi, maintenant, lui, Nhaï, qui voulait abattre à coups de coupe-coupe la palissade, il trouve qu'on ne doit pas entrer parce que la grande truie a accouché...

— Ah mais! Ah mais! non, en voilà assez!

— C'est l'usage, insiste humblement Fer, quand la truie a mis bas, on doit fermer la palissade, aucun étranger ne doit pénétrer; le village doit rester clos vingt-quatre heures, s'il entrait quelqu'un, la nuit, tout serait réduit en cendres.

— Mais, brave Fer, je ne suis pas un étranger, moi, je suis des vôtres, puisque je suis votre chef.

Fer paraît ébranlé, insistons, il cédera sans doute.

— Et qui a établi cet usage?

— Les sorciers.

Parfait, jouons le grand jeu.

— Ce sont les sorciers, Fer, mais les sorciers ont-ils annoncé l'éclipse?...

— Qu'en dis-tu? imbécile de Nhaï.

Mes deux bonshommes sont perplexes.

Je me dresse, il faut frapper... Frapper l'homme? Jamais! Son imagination.

— Mes enfants nous allons entrer dans le village, Fer va nous ouvrir la porte gentiment, car moi, le Grand Chef

Blanc qui sais tout, déclare que les sorciers se sont trompés et qu'on peut accueillir les voyageurs dans un village quand la truie a mis bas sans qu'il soit brûlé la nuit, c'est moi qui vous le dis!

Fer, subjugué, a ouvert, Nhaï, convaincu, entre triomphant, persuadé que c'est lui qui a ouvert.

Fer s'empresse, nous comble, car il craint de m'avoir fâché.

Je le calme, mais le pauvre homme a vraiment besoin d'être rassuré, il tremble d'avoir encouru ma colère;« il me croit, il a confiance en moi plus que dans les sorciers. »

C'est parfait, mais une sentinelle va veiller; il ne faut pas qu'une main réactionnaire nous fasse mentir, il ne faut pas que Bu-Trom flambe cette nuit!

Nous avons sapé encore une fois l'influence du sorcier, méfions-nous de sa vengeance, ne le laissons pas saper notre puissance qui paraît s'imposer... veillons.

Et comme tous paraissent harassés et qu'au contraire je suis dispos, c'est moi qui ferai sentinelle.

8 avril.

La nuit s'est passée sans alarmes, le jour pointe, allons, debout, les enfants, en route!

— Comment, vous partez? Restez, implore Fer.

Il ferait bon rester ici, les gens y sont affables, le site est ravissant, mais l'heure passe, nous sommes attendus... en Juin à Saïgon. Allons en route!...

Sur le bord d'un ruisseau s'étalent deux robes annamites à la soie jadis belle, aujourd'hui élimée, qui fut propre et qui est sale; ces robes n'ont pas poussé toutes seules. Ah! voici leurs propriétaires qui font leurs ablutions...

— C'est très bien, ça, mes amis, vous aurez le premier prix de propreté corporelle, mais dites-nous un peu pourquoi vous venez chercher si loin un bain matinal, car vous ne me faites pas l'effet d'être du quartier. D'où êtes-vous?

— Nous sommes de Fo-Doum, voilà, *on a reçu un trat de Thudaumot pour venir dans tous les villages autour de la Yumbra chercher... des objets pour l'exposition de Thudaumot.*

— Et où est le trat?

— C'est le doï qui l'a gardé, après nous l'avoir lu.

Hum! que veut dire ceci?

— Et où est votre argent?

— Nous n'avons par d'argent, mais des coupe-coupes à échanger.

Nous regardons. C'est bien de la fabrique de Thudaumot.

Inutile de nous étonner à nouveau; dans chaque village nous rencontrons deux Moïs annexés, à l'aller comme au retour...

Nous ferons plus tard connaître notre opinion à ce sujet. Attention aux ornières, n'y tombons pas nous-mêmes, occupons-nous de *nos* affaires et arrivons à Bu-Ton.

Il est 9 heures. Faisons vite.

— Nghüorte, les gens des villages sont-ils là?

— Tous, à l'exception d'un, mais donnez-moi quatre tirailleurs et vous verrez.

— Te donner quatre tirailleurs?... C'est impossible, notre escorte ne se compose que de « 29 », Than et Tien, et quand même que ferais-tu des tirailleurs?

— Ils tireraient sur les hommes désobéissants avec leurs fusils et je brûlerais le village.

Mâtin, Monsieur Nghüorte ne recule pas devant les petits moyens, c'est un brave à tous crins quand il a des tirailleurs, c'est très bien, très bien. Toi, mon bonhomme, il faut aujourd'hui te laisser debout parce que nous n'avons pas le temps de régler tout, mais dans l'avenir tu es à dégommer, à écarter, à éloigner. Ah! tu veux tout bonnement tirer sur tes camarades, brûler leur village pour me plaire et surtout... pour piller, c'est évident.

Nghüorte a une belle robe de soie annamite; il se saoule royalement, Nghüorte est de Bu-Ton, de la *frontière*, voilà le produit que nous pouvons étudier.

Cela nous donne à réfléchir! Enregistrons pour le moment, nous conclurons plus tard.

Mais il ne s'agit pas de tirer, de flamber, s'il manque un village, tant pis pour lui, rassurons au contraire, calmons tous ces braves gens.

— Voyons, pourquoi avez-vous eu peur? de quoi?

Nghüorte est piqué, son amour-propre blessé, il va parler.

— Pourquoi on a eu peur? de quoi?

— Parce que ces jours derniers, sur la route de Kratié il est passé une grande troupe de Français, conduite par deux blancs; il y avait vingt miliciens, vingt chars, dix chevaux, deux éléphants.

— Ah! ah! monsieur Nghüorte, la colère vous rend précis et vous dressez parfaitement une situation.

Nous aurons par la suite à nous renseigner, le fait était exact, ce n'était pas Nghüorte qui nous trompait, mais classons, question réservée.

— Les Moïs ne doivent pas s'inquiéter des allées et venues des Français; ils ont la preuve qu'on ne leur veut pas de mal. Les ai-je rudoyés? rançonnés?

— Non, au contraire.

— Eh bien, qu'ils aient confiance et vivent en paix.

Demain, en retournant au camp, nous recevrons dans les villages que nous n'avions pu visiter, les prestations de serment.

Il est superflu de dire que les sacoches avaient été garnies de sapèques, j'avais, par précaution, chargé sur l'éléphant de Nghüorte une caisse de bimbeloterie.

Il y eut donc distribution d'andrinople, de calicot, de

glaces, pipes, trompettes, boîtes, tabac, cigarettes, allumettes, de couvertures, de coupe-coupes, etc., etc.

Ce soir ripaille, bolées de chum-chum, pipées de vin de riz.

La bombance se prolongea un peu tard. J'avoue qu'après une nuit complète d'insomnie je n'eusse pas été fâché de goûter quelque repos, j'avais prié Baron de faire éteindre sinon les feux, du moins les farces... mais Baron ne s'empresse pas.

Nghüorte, ivre à souhait, vient le trouver toutes les cinq minutes et raconter des choses fort intéressantes :

Il a été à Hon-Quan... où il a appris qu'on *annexerait* le canton...

Il a vu le convoi sur la route de Kratié, il nomme les deux blancs.

Il sait qu'il y a depuis hui jours dans chaque village indépendant deux annexés *qui doivent dire ce qui s'y passe...*

Tout cela est assez coquet, mais nous allons avoir le bouquet, l'explication de la conduite d'Irap.

Irap et Nghüorte *sont comans.*

L'autre jour, quand le fils Nghüorte, porteur du message de Féral, est arrivé à Boek-Corre, il a été reconnu, on l'a chassé, puis, pris de peur, Irap s'est enfui, il se cache de crainte de la vengeance de Nghüorte.

Et pourtant le pauvre Irap n'en peut mais, le coman remonte à deux générations !

— C'est mon grand-père, dit Nghüorte, qui a tué un jour le grand-père de Irap.

Tous ces renseignements n'ont pas jailli d'un seul trait, il a fallu écouter bien des fois les propos de Nghüorte.

Enfin, il est deux heures du matin. Bonne nuit, Baron!

Le 9,

traversant la grande plaine de Bu-Ton pour aller recevoir le serment à Cam-Laan I et II et revenir à Bu-Riai dans le même but, nous aurons l'occasion de tirer sur un superbe troupeau de con-catons, mais nous n'avons pas le temps de nous arrêter. Notons simplement trois con-catons descendus à 600 mètres; cela prouve que les carabines des tirailleurs sont justes, cela inspire respect aux indigènes. La chair des con-catons les régalera, les dépouilles, cornes et peaux orneront les collections. On n'a pas perdu de temps, car on ne s'est pas arrêté, les Moïs se chargeant de ramasser et rapporter le gibier.

Aussi, tout étant réglé ici, nous pouvons repartir à Dong-Bong-Tay.

Nous avons décidé que l'assemblée de tous les chefs aurait lieu le 12 avril à Dong-Bong-Tay. Nous prévenons donc Nghüorte et ses voisins.

En route à Bu-Tôt, Bu-Cala, Bu-Thol, Bu-Lagna et Boek-Clum serment et convocation pour le 12.

Le bon Fer nous attendait au passage; nous lui recommandons bien particulièrement d'être exact au rendez-vous du 12.

Puis l'on continue, mais la nuit tombe et, pourtant, nous voudrions rallier Dong-Bong-Tay avant demain.

— Allons, courage les enfants...

Nos petits chevaux trottent et les Moïs nous suivent bien, mais la route est longue et les haltes utiles, nombreuses.

Nous n'arrivons au suoi Rap qu'à minuit... c'est au suoi Rap que le tigre rôdait... il n'y a plus de torches, la dernière est éteinte, et Moïs et tirailleurs s'affolent.

Allons, du calme, puisque le tigre a été empoisonné il n'est plus à craindre, et la lune se lève pour remplacer les torches.

N'empêche que nous garderons — sinon un bon — du moins un durable souvenir du passage du suoi Rap, entre minuit et une heure du matin, la nuit, chevauchant du 9 au 10 avril.

Les malheureux chevaux s'enlisèrent, on craignit un instant les perdre, ce n'est qu'au prix de mille efforts et grâce
au dévouement de « 29 » et de Tien qu'on put les sauver.

Enfin à 2 heures du matin nous étions à Boek-Corre,
mais on ne pouvait demander ni aux gens ni aux bêtes
le dernier effort des six kilomètres nous séparant de Dong-
Bong-Tay.

Il fallut coucher : une planche, une natte, quelle nuit
délicieuse. Souper? « on n'y songea pas, quelle digestion
légère. »

Tout n'est que relatif, comparatif dans l'existence.

Nous avons souvent grommelé contre un couchage
qui serait aujourd'hui lit de prince et nous savourons
aujourd'hui l'élasticité de la planche sur laquelle nous
dormons; parfois nous avons eu faim... parce que nous
n'avions rien à nous mettre sous la dent; aujourd'hui
nos bisacs sont garnis nous ne songeons pas à les ouvrir...

Quel drôle d'animal que l'homme!

C'est nous qui sonnons le réveil du

10

à Dong-Bong-Tay.

— Vite, Féral, prenez les diem-thi, convocation générale pour le 12 au matin, envoyez des trams rapides dans
tous les villages.

— Et notre malade?

— Votre malade? monsieur, mais il trotte, il serait
même parti si je n'avais voulu lui faire attendre votre
retour. Tenez, le voici.

— Eh bien, mon garçon, tu n'es pas mort?

— Non.

— Pourtant, le Sorcier avait dit que tu étais flambé.

— Oui, mais vous êtes plus fort que lui...

Il faut s'empresser de signer l'exeat à un bonhomme
qui est disposé à répandre une aussi bonne parole.

DONG-BONG-TAY — NOTRE PALAIS

Donnons-lui une bonne couverture pour les nuits et au revoir, cher client.

Irap nous dépêche Loït en ambassade, il regrette, il veut revenir, il demande l' « aman. »

— Qu'il vienne et vite, le bon Irap, et bien qu'il ne soit pas mon fils, je ferai tuer, à défaut de veau, un porc gras.

La maison est en partie achevée, le rez-de-chaussée est terminé, le bureau y fonctionne déjà, la salle à manger a été inaugurée, une grande pièce est prête au premier, nous y coucherons le 11 au soir; en attendant, de la terrasse magnifique on surveille le camp, on découvre les environs.

De la terrasse, on aperçoit aussi les jardins et les pépinières... — Jardins et pépinières? Oui, le jardinier a besogné dès le premier jour et bien besogné à tous égards. Non seulement il a préparé l'avenir du poste pour nos successeurs, mais il a excité la curiosité des Moïs. Les instruments aratoires du pays sont des plus rudimentaires, ceux du jardinier furent admirés, sa méthode suivie avec attention; les jardins moïs sont des plus pauvres, nos graines firent envie. C'était ce qu'il fallait. On a demandé des graines; on a fait mieux : on a demandé le jardinier et le jardinier est allé en ville, ou plutôt dans les villages tracer des jardins, semer des graines. On avait bien ri à Saïgon en nous voyant emmener un jardinier, c'est nous qui aujourd'hui rions et de bien bon cœur.

Et d'autres graines aussi ont été semées, mais celles-là nous n'en verrons ni la fleur ni la graine! L'exploration est un arbre sans fleur, a-t-on dit. C'est exact, on aurait pu compléter, que l'explorateur doit semer... et ne jamais récolter. Il sème pour les autres. Qu'importe! Le geste du semeur en vaut un autre!

Le tram arrive, toujours pas de nouvelles d'Hon-Quan.

Faut-il faire un rapprochement?

Rassembler tous nos renseignements... les récits des Moïs... les émissaires dans les villages, faut-il nommer ceux qui passaient sur la route de Kratié sans nous prévenir?

A quoi bon! La crise est passée, c'est l'essentiel.

Voici d'ailleurs des « sauvages », des braves gens qui nous apportent leur joie, leur sympathie, qu'importe les autres? C'est Fer et ses fils, ses neveux, ses petits-fils et petits-neveux. Ah! il n'est pas en retard et arrive la veille.

— C'est bien, mon bon Fer, je suis heureux de vous voir. Et la soirée s'achèvera douce, tranquille, « en famille », dit Baron.

Pour bien traduire il n'y a que deux modes, sans intermédiaire, le détail complet ou le laconisme absolu, l'intermédiaire rentre dans le domaine de la fantaisie.

Pour traduire la journée du

12 avril,

en donnant le détail complet, il faudrait un volume, nous sommes donc réduit au laconisme.

A l'exception d'Irap, tous sont là.

Nous faisons donc savoir aux Moïs que le territoire compris entre la boucle du Song-Bé jusqu'à une diagonale descendant du nord au sud de la Yumbra à Phu-Trith, prend à partir de ce jour le nom de : *Marche de la Yumbra,* divisée provisoirement en quatre *Cantons :* Boek-Corre, Bu-Ton, Boek-Tholm et Bu-Carre, dont nous indiquons les frontières approximatives.

Les chefs de village en exercice sont tous maintenus en fonctions.

Sont nommés chefs et sous-chefs de canton :

Canton de Boek-Corre : Chef : Borth de Bu-Nu I; sous-chef : Œil, de Bu-Nu-Blé.

LE SONG-BÉ — CHUTE DE DONG-BONG-TAY

Canton de Bu-Ton : Chef : Nghüörte de Bu-Ton; sous-chef : Gar, de Cam-Laan-Har I.

Canton de Boek-Tholm : Chef : Bum, de Boek-Roaï II; sous-chef : N...

Canton de Bu-Carre : Chef : Nhaï, de Bu-Carre; sous-chef : N...

Fer, de Bu-Trom, est nommé *Chef de la Marche*.

Cho, également de Bu-Trom, *Sous-chef*.

Et Irap, dira-t-on, Irap, qui avait si bien accueilli, Irap le magnifique? Irap n'est pas oublié, nous ne sommes pas ingrats, mais Irap est un couard, déclassé par sa fuite, il s'est de lui-même manifestement montré incapable d'autorité, il n'est pas là.

On ne l'oublie pas toutefois.

Il est nommé *doyen du conseil des anciens*, conseil formé de Fer, Blé et Irap.

Un bœuf, des cochons avaient été achetés en prévision de la réunion, ainsi que des poulets par douzaines.

Cet approvisionnement complet fut livré à Fer à l'issue de la cérémonie afin qu'il exerçat de suite et agréablement ses fonctions en faisant largesse à ses administrés.

Nous joignons encore deux piculs de sel, un sac de poissons salés et dix jarres de chum-chum.

La fête fut complète.

« La journée des maires », dit Féral... il lit un journal de France!

Le soir, tous avaient regagné leurs pénates, le calme régnait de nouveau à Dong-Bong-Tay; mais l'homme n'est jamais content, au lieu de nous réjouir, nous restions perplexes : l'Avenir... Nous aurions voulu galoper dans la vie, voir la suite...

Le 13,

On fit une dernière ascension de la Yumbra, sans résultat bien appréciable, la brume encore masquait la

vue et le dôme de la forêt formait un tout si compacte
qu'on ne put faire d'observation bien utile.

Le 14,

Impatient de connaître les impressions du... public
moï, je lançai Nhaï et Xe en limiers. La musette garnie
de fioles de chum-chum, ils allèrent chacun de leur côté
dans les villages, voir leurs amis, boire une bolée, causer
un brin...

Les charretiers qui avaient commencé le déménagement remontaient de Phu-Trith; avant de les y laisser
repartir, il faut les interroger.

Les réponses, les dires des charretiers, de Nhaï et de Xe
sont variés en leurs détails, mais ils sont unanimes et
concordants.

L'impression était bonne, les choix avaient été acceptés,
approuvés sans protestations. Les chefs se montraient
fiers, les gens contents des nominations.

Le mécanisme était construit, l'engrenage fonction-
nerait-il? les rouages ne buteraient-ils pas?

Voyons! essayons!

J'envoyai « 29 » porter à Fer son diem-thi avec ordre
de prévenir les chefs de canton qu'ils devraient réunir
leurs hommes pour le 17, au camp.

Nous partons de notre côté à la recherche d'Irap.
Est-il indispensable? Non. Nous cédons à une poussée de
sentiment, nous ne voudrions pas nous éloigner sans avoir
revu celui qui, le premier, nous a accueilli si bien en la
région. Nous visitons Boek-Corre, Bu-Ton, Bu-Nu-Srèm.
Nos efforts restent vains, Irap est introuvable, le passage
de Nghüorte a paralysé ses intentions de retour; il paraît
qu'il tremble à la pensée de se trouver face à face avec
le petit-fils du meurtrier de son grand-père.

Nous regrettons vivement que les événements tournent
à la confusion et à la déconvenue du bon Irap, c'est encore

le bon qui paye à tort... Irap sera la victime expiatoire réclamée par le Destin qui ne donne jamais rien sans échange. Nous avons la joie de voir les Moïs se soumettre et s'organiser; il faut payer au Destin; le tribut sera aujourd'hui le pauvre Irap.

Nous pourrions partir maintenant, mais il faut un peu patienter pour savoir, au moins avant que de s'éloigner, si la nouvelle organisation fonctionne; nous occuperons les journées des 15 et 16 à l'emballage des collections et à quelques dernières visites à Bu-Nu I, Bu-Nu-Blé, Boek-Roaï...

Le 17,

dès l'aube, le camp s'emplit. Fer est arrivé avant le jour, il a marché la nuit à la lueur des torches, malgré le tigre; ses chefs de canton sont là; autour d'eux sont groupés les chefs de village, entourés de leurs hommes.

J'avais pressé le ressort, la mécanique a bien joué, les ressorts n'ont pas faibli, allons, bravo les enfants!

Tout est-il parfait? Evidemment non, il y aura à refaire, à démonter, remonter, à limer.

Au fond, notre travail ici n'est qu'un essai, qu'une ébauche, la terre est molle à souhait et suffisamment malléable pour former un bon bloc, c'est l'essentiel; il faudra maintenant pétrir, modeler, patiner, repatiner, avant de fixer le modèle dont on prendra le moule pour faire la coulée définitive; mais l'essentiel, c'est qu'il y ait matière. Nous venons d'acquérir la conviction et même la certitude que la matière est bonne. C'est tout ce que nous devions faire, aux bons ouvriers maintenant d'entreprendre.

Cette fois nous n'avons plus rien à faire ici... si nous ne dépassons pas nos instructions : Mission de reconnaissance nous sommes, mission de reconnaissance il faut rester :

Nous avons semé ici, il faut partir, aller semer ailleurs.

Avant de boucler les sacoches, examinons un peu la récolte.

D'abord la carte de l'itinéraire et des rayonnements avec cotes;

Une carte du Song-Bé aval, 27 kilomètres sondés;

Vocabulaire moï, 500 mots.

Recensement nominatif de 77 villages;

Carnet politique : soumissions, liste des chefs, diem-thi;

Notes sur la région, la population, ses mœurs et ses coutumes; l'agriculture, le commerce, etc.

Voilà ce que nous emportons.

Que laissons-nous?

Ce qui est tangible, c'est un réseau de routes, et ce que nous avons semé dans les cerveaux...

Plus tard seulement on en pourra apprécier le résultat.

L'avenir?... Ah! que nous voudrions le violer! Qu'adviendra-t-il de nos efforts?

. . . .

Demain, nous partons, c'est arrêté et ce soir nous ne pouvons nous retirer, les Moïs sont restés au camp pour demain nous faire leurs adieux et nous ne pouvons nous résoudre à les quitter en ces derniers instants.

Fer est auprès de nous; plus sobre qu'Irap, il ne boit pas de petits verres, mais il raconte maints faits instructifs, maintes anecdotes, oyez plutôt cette légende qu'il nous conte en cette veillée du départ.

Elle est fraîche et naïve, dégage un arôme de terroir, un parfum de forêt.

Pour en avoir l'expression aussi vraie que possible, nous l'avons fait traduire séparément et par Xe et par Nhaï, ils sont arrivés au même résultat, contrôlé par Baron; nous donnons donc fidèlement la traduction de la

Légende de la naissance des Moïs.

« Un jour, un grand roi tomba malade, les médecins n'ayant pu le guérir, il leur fit couper le cou. Puis il fit appel à la fidélité et à l'amour de son peuple et supplia ceux de ses sujets qui pourraient le guérir de venir à son secours. Il vint beaucoup de gens, mais leurs remèdes furent inefficaces et le roi les fit pendre. Le monarque déclinait toujours et voyait sa fin prochaine. Il réclamait toujours un sauveur, mais les exécutions avaient fait reculer les guérisseurs. Désespéré, le roi fit savoir à son de trompes de buffle, de tambours et de gongs qu'il accorderait la main de sa fille, une perle de beauté, et le trésor royal à celui qui lui rendrait la santé. La crainte de la hache et la peur de la corde furent plus fortes que l'amour de la princesse et l'envie du trésor, personne ne se présenta. Le roi mourait...

« Un chien arriva au palais, il se faisait fort de guérir le roi. On le fit entrer. Le chien fit manger au malade des herbes cueillies dans la forêt et le roi fut guéri.

« Esclave de sa parole, le roi donna au chien sa fille et le trésor royal, mais le lendemain il les fit mettre tous trois sur un radeau abandonné au courant du fleuve.

« Le chien et la princesse purent atterrir sur la montagne et quelque temps après ils eurent un fils.

« Quand ce fils fut grand, sa mère lui apprit l'origine de sa naissance.

« Le jeune homme tua le chien, épousa sa mère, ils eurent un fils et une fille : les premiers Moïs. »

. . . .

La dernière soirée de Dong-Bong-Tay sera notre dernière soirée heureuse.

Demain nous partons, les épreuves, les chagrins nous attendent; nous laisserons la joie au cher premier poste.

Boek-Corre aura été pour nous l'âge d'or, Dong-Bong-Tay fut l'âge d'argent, nous allons entrer dans l'âge de fer.

CHAPITRE IV

DE DONG-BONG-TAY A PHU-TRITH

18 avril.

Une mauvaise nouvelle pour débuter. On attend les chars qui devraient être de retour pour charger les derniers bagages, ils n'arrivent pas...

8 heures. Le tintement d'une clochette, les voici!

Non, il n'y a qu'un char portant un milicien qui porte un pli.

« M. l'administrateur de Thudaumot a ordonné de faire rentrer à Hon-Quan tous les chars qui étaient loués à la mission, la peste bovine sévissant dans l'arrondissement. »

Voilà la communication que nous apporte le pli.

. . . .

Ne pas faire porter le bagage nous avait réussi.

. . . .

On nous retire les chars.

. . . .

Nous nous dispenserons de tout commentaire.

On charge l'unique char à faire craquer les essieux.

On prépare des charges d'hommes, puisqu'il le faut!

On ferme les portes de notre chère maison.

J'y ai laissé, pour ceux qui pourraient passer, un lit, une table, un siège, une petite pharmacie, quelques ustensiles.

Le tout est mis sous la sauvegarde de Borth, chef du canton.

Des Moïs vont nous accompagner, de bon gré, gaiement aujourd'hui ils vont porter notre bagage.

Mais tous ne peuvent pas suivre, Fer est trop vieux, Bréou trop jeune... ils pleurent tous deux...

— Dépêchez-vous de revenir, me dit Fer; je suis vieux et je voudrais vous revoir avant de mourir...

Bréou ne dit rien, elle sanglote...

. . . .

Galopons, car nous aussi nous pleurons.

. . . .

On doit gîter à Boek-Srèm, la marche a été alourdie par le portage humain.

Et ici les gens nous connaissent, nous témoignent affection. Que sera-t-ce ailleurs?

La pluie tombe... Où sont nos belles soirées de Dong-Bong-Tay? avec Fer, « en famille », comme disait Baron... finies!

Laissant le convoi sous la direction de Féral, nous gagnerons, le 19, le nouveau gîte en deux temps de galop espacés par la halte à Bu-Carre où Nhaï, le chef de canton, se montre très fier de ses nouvelles fonctions et très reconnaissant ma foi; nous avons hâte d'organiser rapidement notre marche sur le Dong-Naï.

Puisque nous n'avons plus de chars, il faudra faire un dépôt à Phu-Trith, y construire une sala pour recevoir notre bagage et entreprendre la nouvelle reconnaissance avec le minimum, l'indispensable.

Il nous faut aussi des renseignements.

C'est pourquoi nous nous hâtons avec Baron.

Nous mettons pied à terre à 8 heures du soir.

Féral arrive avec le char et les porteurs le 20, à 1 heure. On se hâte.

On construit une sala.

On fait un tri sévère des charges.

On interroge les Moïs sur la région vers laquelle nous allons.

On étudie la carte.

CHAPITRE V

Le 21,

La journée s'est écoulée rapide, tout est en ordre, le bagage est rentré en une sala close et scellée, les charges sont prêtes, les renseignemeuts recueillis, l'itinéraire prévu...

(Ici je copie fidèlement mon carnet de notes.)
— 6 h. 50. Venez-vous vous baigner, me dit Baron.
— Un instant, je termine une lettre à ma femme.
Au moment de partir, Baron se plaint d'une violente et subite migraine.
Je m'inquiète, car le lendemain nous devons partir à l'aube.
— Tranquillisez-vous, dit-il, un cachet d'antipyrine va me remettre.
— Dépêchez-vous, il est 7 heures.
— Bah! nous prendrons des torches, comme d'habitude.
Il fait son cachet, le prend.
Je faisais rentrer une dernière charge oubliée. Venez-vous, Baron!
Une voie inconnue, étranglée d'angoisse me répond, pénible : Je voudrais bien, mais je ne peux pas.
Je me précipite vers la sala où Baron s'est affaissé...

— Un accès de fièvre, sans doute, vite des frictions.

— Je suis empoisonné, semble cracher notre malheureux ami.

— Empoisonné! Et avec quoi?

On s'empresse, café noir, ipéca sont introduits dans la bouche...

— Il est mort, dit le tirailleur Tien, qui palpait le cœur.

Je lui tenais le pouls, comptant les pulsations, la montre en main... il est 7 h. 05.

!!!

. . . .

Je n'avais même pas le droit de pleurer. Féral était fou de douleur, les tirailleurs pleuraient, les Moïs aussi pleuraient.

Quel cauchemar que ce souvenir atroce.

Quel chagrin, combien profond encore qu'une année soit bientôt écoulée.

On souffrira que je sois bref en ce funèbre récit qui me déchire le cœur.

Baron, en faisant son cachet, avait au lieu d'antipyrine pris de la strychnine... Nous retrouvâmes le flacon près de sa cantine...

. . . .

Le soir je décidai que le cadavre de Baron serait ramené à Saïgon.

Je laissai les tirailleurs sous la garde de Féral et je résolus de faire la dernière conduite à celui qui avait été le modèle des collaborateurs.

A minuit on partait pour ne s'arrêter que le 23 à Cam-Dinh où nous pouvions acheter une bière et y déposer les restes de notre ami, il était 6 heures du matin et nous continuâmes inconscients notre calvaire.

Les hommes d'escorte étaient vaillants, les chevaux aussi, les bœufs seuls étaient harassés, car nous n'avions trouvé aucun relai.

... La peste bovine?...

Tous les bœufs, tous les chars étaient à Thudaumot!... au concours agricole!...

Mais le moment est trop tragique pour nous arrêter à ergoter, le temps viendra où cette question nous trouvera moins discret.

Nous continuons donc notre route, mais tout proche de Thudaumot nous sommes arrêtés par un envoyé de l'administrateur : « Il faut faire demi-tour et laisser le corps à Tuong-Hiep. »

— Pourquoi?

— Le concours agricole bat son plein, la vue d'un cortège funèbre...

Nous obtempérons, nous faisons demi-tour, nous déposons notre funèbre fardeau à Tuong-Hiep où veilleront « 29 », Tien et Haï.

Nous nous rendons à Saïgon auprès du Gouverneur faire notre rapport.

M. Rodier promet d'assister aux obsèques de Baron.

. . . .

Mais la fête barrait toujours la route, il fallut attendre jusqu'au 25 avril, 5 heures soir, que les fanfares fussent lassées et les lampions brûlés...

Passons! Respectons la mémoire de notre pauvre petit Baron.

Aussi bien nous est-il abominablement cruel de revivre ces heures affreuses.

Les obsèques eurent lieu, le Gouverneur n'y vint pas. J'avais tracé quelques mots d'adieu que je lus, les voici :

« Le Devoir commande de parler à la Douleur qui voudrait rester muette.

« Je dois, Baron, te rendre le suprême hommage, mais je ne pourrai le faire tel que tu le mérites : ma volonté est impuissante à sortir de mon cœur ce qu'il garde jalousement pour ta mémoire.

« Plus tard, quand le temps aura ouaté la plaie, je tenterai de retracer les qualités qui faisaient de toi un caractère, un homme, *vir probus.*

« Tu fus toujours droit, toujours loyal; tu étais instruit jusqu'à l'érudition; travailleur scrupuleux et inlassable;... tu étais tendre aux malheureux, doux avec tes inférieurs, affectueux et serviable pour tes égaux, digne vis-à-vis de tes chefs.

« Tu fus un bon.

« Et toutes tes qualités étaient serties de réserve, voilées de modestie.

« Tous t'aimaient.

« Tous te pleurent.

« Dans notre marche pacifique pour porter la lumière que la France s'évertue de faire luire pour tous, tes qualités s'épanouirent. Ta bonté naturelle, ta douce gaieté, ta patience angélique te gagnèrent ces cœurs de sauvages que nous croyons de roc.

« Ton contact amollit le granit et le rendit cire molle.

« Ami, tes lèvres sont glacées et ta modestie contrainte au mutisme.

« Je puis, je dois dire la vérité, la proclamer.

« Si la moisson de notre mission se dore d'espérance, c'est à toi qu'on la devra, car ce fut toi le semeur.

« Au retour, tu ne cueilleras pas le laurier, mais ton souvenir qui va nous guider tel la bonne étoile, ton souvenir chevauchera avec nous et nous viendrons joncher de roses ton tombeau.

« A ta mort, les Moïs ont pleuré.

« Les Annamites, les Français pleurent.

« Ces larmes ont déjà fait germer la plante du souvenir, des mains pieuses en arracheront les mousses de l'oubli qui tenteraient de l'étouffer.

« La fleur viendra et les jeunes générations, en respirant son parfum, honoreront ta mémoire.

« Baron, en vivant comme tu as vécu, les cieux étoilés au-dessus de ta tête, la loi morale en toi, tu as servi ta Patrie. »

Nous fûmes encore retenu vingt-quatre heures à Thudaumot pour les procès-verbaux et autant à Saïgon pour des formalités.

Enfin le 29 nous avions rallié Phu-Trith.

C'était bien l'âge de fer commencé au départ de Dong-Bong-Tay.

Des reconnaissances utiles sur le Song-Bé occupent les journées du 30 avril et du 1er mai.

. Avant de nous éloigner nous avons eu souci d'élever ici un modeste monument commémoratif à l'ami que nous pleurons.

Le 2 mai,

nous sommes prêts, les gens de Bu-Trith, canton indépendant, possèdent trois chars, ils les ont amenés, cela suffit amplement pour notre mince bagage.

Nous allons partir.

Mais nous ne pouvons nous décider, il nous semble qu'en nous éloignant de ce tragique endroit nous perdons à nouveau Baron!

Baron, modèle des collaborateurs, dévoué jusqu'à l'abnégation, consciencieux sans limite, loyal jusqu'à

12

la franchise, franc jusqu'à m'avertir quand il pensait que je me trompais.

J'avais perdu un ami, la mission son fleuron, le pays un fidèle serviteur!!!

Nous allons partir.

Mais surgit une troupe de Moïs.

— Comment! des gens de Boek-Corre? Loït? Je n'en crois pas mes yeux, les Moïs ne font pas de si lointains déplacements, la peur les retient dans un faible rayon autour de leur village.

— Que venez-vous donc faire de si loin?

— Nous vous cherchons, on nous a dit que M. Baron était mort... Est-ce vrai?

— Hélas! oui, mes amis, voici le monument que nous lui avons élevé.

Les Moïs se mettent à pleurer... puis détachant les hottes suspendues à leur dos, ils les renversent... une pluie, une jonchée de fleurs de la forêt s'écroule sur le tumulus!

. . . .

Doutera-t-on du sentiment des Moïs de la Yumbra?

UN TOMBEAU

IRAP LABOURANT SON R... ...U PIED DE LA YUMBRA

TROISIÈME PARTIE

MARCHE DU SÉ-SÉ

ITINÉRAIRE ET JOURNAL DE MARCHE

CHAPITRE PREMIER

DE PHU-TRITH AU DA-DUNG

Du 2 au 26 mai.

Serrons les rangs, Féral!

Le médecin malade n'a pas été remplacé et se repose en France.

L'interprète, mort, n'a pas été remplacé et repose dans l'éternité.

Serrons les rangs!

Faire porter le bagage sur des chars nous avait réussi. On nous retire les chars à bœufs, il faudra faire la chasse aux coolies.

Serrez les rangs, tirailleurs!

Nous avions eu des vivres en abondance et avions pu en distribuer et cela nous avait fait bien venir. N'ayant plus de chars, nous ne pouvons emporter que peu; il faudra réquisitionner, vivre sur le pays, cela nous fera mal venir.

Serrons la ceinture!

Nous avions la gaieté, nous avons la tristesse, haut les cœurs! bandons notre volonté!

Hardi les enfants! En avant!

En avant! Han! Han! sera le cri répété du matin jusqu'au soir; et combien peu on avancera!

Des étapes de six, de quatre kilomètres, puis déjà un séjour de deux, de six jours à une seule étape succédera un séjour forcé de sept jours.

Nous nous heurtons à la forêt aussi impénétrable qu'au nord.

Nous nous heurtons à la difficulté de recruter des porteurs.

Nous nous heurtons à l'impossibilité d'avoir des vivres.

Nous avions prévu ces difficultés, on nous empêche d'y parer, que faire? L'ennemi, cette fois, n'est pas sur l'avant, il est sur l'arrière.

Il n'y a qu'à marcher ou à renoncer.

Renoncer, jamais!

Han! (1) Han!

Le récit sera également serré, car nous glanerons peu.

On recensera toujours bien les villages visités, mais on se contentera de ceux de la route, on ne randonnera pas; on posera toujours une plaque; on demandera les renseignements spéciaux : combien de bœufs, de buffles?

____

(1) En moï, han, marcher en avant.

cultivez-vous le coton? etc., etc. Mais où sont les bonnes causeries vespérales de Boek-Corre et de Dong-Bong-Tay?...

Ici nous serons seuls le soir en nos campements, les Moïs harassés d'avoir porté le bagage, désolés d'avoir eu leur riz réquisitionné restent muets dans leurs cases ou se préparent à la fuite pour l'aube du lendemain.

Les deux premières étapes se feront encore bien, grâce aux chars de Bu-Trith, mais ensuite, les uniques bœufs dressés, fatigués, éreintés seront emmenés par leurs propriétaires, alors il faudra faire porter...

Plus de voitures.

Plus de riz.

La Forêt.

Durant que Féral avec quelques Moïs et les admirables petits tirailleurs, se battra avec la forêt, je ferai la chasse au riz et à l'homme.

Jamais, je crois, ni l'un ni l'autre nous n'oublierons ces journées... stériles en rendement utile, dévorantes en efforts inutiles...

Les Moïs ont hier ouvert la route, on peut, en quittant Phu-Trith, franchir de suite le Song-Bé, puis vers l'est on traversera, à 6 kilomètres sur le suoi Dâm, le beau village de Bu-Trith.

— Indépendant disent les cartes officielles.

— Annexé, dit le chef du village.

— Annexé? A quelle province?

— A Bienhoà.

— Tu connais Bienhoà?

— Non.

— Tu as vu des Français de Bienhoà.

— Non.

— Comment es-tu annexé alors?

— Je vais travailler avec mes hommes à Hon-Quan, sur la route.

Voici un village qui est dans l'hinterland. Jamais un Français n'y est venu. Géographiquement il appartiendra, en effet, à la province de Bienhoà, mais il en est à quatre jours de marche. Le chef et les habitants vont, sans en être requis faire des corvées à Hon-Quan, province de Thudaunot. Cela peut sembler mystérieux.

Non, c'est clair, limpide, le chef est un malin, un progressiste, il se frotte aux civilisés d'Hon-Quan qui ne lui réclament rien pour acquérir de l'importance vis-à-vis des indépendants de l'hinterland qu'il pressurera au nom de l'autorité, mais il se garde d'aller à Bienhoà où l'on serait en droit de lui demander des comptes et de lui faire payer l'impôt.

Nous verrons ce phénomène plus d'une fois sur la lisière et dans les cantons moïs annexés à Bienhoà, au retour.

Blé, le chef de Bu-Trith, a eu, d'ailleurs, des aventures dont il s'est tiré pratiquement; Enfant il a été pris par des pillards et emmené en captivité, mais il put prévenir sa famille qui, pour payer sa rançon de vingt piastres, mit sa sœur en gage chez des prêteurs. Pour racheter sa sœur, c'est-à-dire rembourser les vingt piastres, il dut, plus tard, payer aux prêteurs : sept gongs, un bœuf et deux porcs.

Blé s'est déjà frotté à la « civilisation », il aime l'argent et pour en gagner il consentira à faire saper la route et à charroyer notre bagage le 3 à Bu-Nôt et le 4 à Bu-Moun; mais là ses bœufs exténués ne peuvent plus avancer et nous devons lui donner congé.

Bu-Moun est un malheureux village, délabré, tombant en ruines, suant la misère, la famine y fait concurrence à la maladie.

Les hommes valides sont absents, ils sont à la forêt pour déterrer quelques maigres patates; pauvres diables, il va falloir ouvrir notre réserve de riz et en donner puisqu'ici les gens meurent de faim.

Voilà la situation des villages frontière. A la récolte le mercanti s'est risqué, a fait miroiter le fil de cuivre, chatoyer le canat et a raflé le riz du moï imprévoyant. Il faudra le protéger le grand enfant, pas méchant mais ignorant.

Teng, le chef du village, rentre de la forêt. Pour une poignée de riz le voilà notre homme lige; quelques soins donnés aux malades nous font des amis, mais les hommes ne tiennent pas debout, ils ne pourront pas porter, ils ne pourront pas ouvrir la route.

Ouvrir la route? Oui, bien que nous n'ayons pas de chars nous voulons en tracer une devant nous, par devoir, pour le principe et aussi pour ceux qui suivront.

Et maintenant il n'y a plus de route, un mur épais de forêt et pas d'hommes...

La Yumbra se profile à l'ouest, on aperçoit la percée que nous fîmes faire au sommet... là-bas il y a abondance, ici disette.

Allons, comme dit *Kim*, acquérons-nous du mérite. On ne recevra plus de courriers, plus de nouvelles ni de Saïgon, ni de France! On laisse le bagage sous la garde des tirailleurs et on se glisse dans la forêt, on arrive au village de Bu-Then, 4 kilomètres de gymnastique peu ordinaire; on n'a pas marché, on a fait comme les singes, on a sauté de branche en branche. A Bu-Then le chef nous reçoit bien, il a quelques hommes valides, il va ouvrir la route pour relier Bu-Moun, cela demandera deux jours, deux jours de séjour à Bu-Moun l'hôpital!

Le 7 nous gîtons à Bu-Then.

La forêt, toujours la forêt. On grimpe au faîte d'un

grand arbre isolé dans un ray : la chaîne annamitique se dessine bien à l'est, à l'ouest nous voyons la
Yumbra.

La forêt, on y rentre en rampant, on s'y insinue pour
atteindre Bu-Ray au prix d'une gymnastique aussi
pénible.

Le séjour à Bu-Then sera encore plus long, 8, 9 et
10 journées employées à couper la forêt.

Le 11, gîte à Bu-Ray.

Là les habitants déclarent ne connaître aucun village
à l'est, jamais ils n'ont franchi la forêt dans cette direction. C'est étrange, mais que faire, c'est maintenant le
corps à corps avec cette diablesse de forêt qui se reprend
et se refait pour ainsi dire chaque nuit une virginité que
nous devons violer chaque jour.

Quelques Moïs recrutés à grand'peine travaillent avec
Féral à la percée, mais la forêt n'est pas seule à se défendre, le sol se met de la partie, aux ravins succèdent
les fondrières; à peine la crête d'un mamelon est-elle
atteinte qu'il s'affaisse à pic; ponceaux et ponts sont
indispensables maintenant aussi bien que terrassements
pour adoucir les rampes d'accès.

Et le riz reste la question terrible.

« *Vivre sur le pays...* » !!!

Il faut faire des raids quotidiens pour venir à Bu-
Trith chercher un sac de riz, mais si minuscules qu'aient
été les étapes, elles s'additionnent et l'opération devient
difficile.

C'est une toile de Pénélope, un tonneau des Danaïdes,
ouvrage à refaire chaque jour, sac à remplir quotidiennement et quotidiennement vidé.

On rentre le soir avec le riz, le lendemain, dès l'aube,
la distribution aux tirailleurs, aux Moïs bûcherons
et aussi aux malheureux que nous ne pouvons laisser
sans pitié crever de faim... le sac est vide.

« *Vous vivrez sur le pays.* » Ah! Ah! Ah!

Chaque soir on charge d'imprécations la journée qui finit et l'on exprime l'espoir que celle qui s'éveillera demain sera meilleure.

Cet espoir est toujours déçu. Sept jours nous nous débattrons avec la forêt, nous racollerons quotidiennement les bûcherons, quotidiennement nous chercherons le riz.

Nous pouvons déjà conclure que le système est mauvais. Néanmoins, nous avons vécu, nous avons pu avancer. C'est, au fond, l'important. Nous ne sommes ni morts, ni en retraite, nous ne saurions donc demander davantage... et nous n'avons pas le droit de nous plaindre.

Et nous répétons avec le docteur Pangloss : « Ceux qui ont avancé que tout est bien, ont dit une sottise; il fallait dire que tout est au mieux. »

Pénétrons-nous de cette vérité; elle nous aidera à supporter avec calme les traverses qui nous attendent sur la route.

Quelque ardue que soit une tâche, on en voit la fin, quelque touffue que soit une forêt, on la perce. Elle s'est débattue, a griffé, écorché ceux qui voulaient sonder son mystère, mais elle est vaincue; le 19 nous pourrons nous mettre en route et suivant la voie ouverte par Féral, prendre gîte à Bu-Carre : on a franchi 11 kil. 700! et déjà il faut s'arrêter.

Un jour seulement. Voilà déjà le relatif qui agit, un seul jour d'arrêt, cela semble magnifique.

Nous avons trouvé une piste.

Les Moïs nous racontent qu'il y a deux moissons — deux ans — un curé est venu avec un chef de canton, il voulait aller comme nous au fleuve, le Da-Dung, disent-ils. Le chef de canton a fait travailler les Moïs à couper une route, en échange il les a nommés Xa (1), mais depuis l'époque on n'a plus revu ni curé, ni chef de canton, ni blanc et le bambou a recouvert la route.

(1) Xa : maire.

Il reste néanmoins une piste et le coupe-coupe peut jouer sans hésitation, le tracé est fait.

D'ailleurs tout le monde a la hache, la scie ou le coupe-coupe à la main. On ne pourra plus aller en arrière chercher du riz, on a quatre jours de vivres, pas un de plus, il faut avancer et vite.

Le 21

On gîte à Bu-Dûm, on n'a fait que 6 kilomètres, et le lendemain, pour gagner Bu-Nôc, on ne fera que 7 kilom. 600.

Mais le 23,

La journée aura été bonne, la route est dure cependant, mais la rage nous a pris et l'on a si bien sapé qu'on franchit 15 kil. 500 pour gîter à Bu-Nma, riche village où l'on peut se ravitailler en riz.

Le 24.

On escaladera les monts Sé-Sé, 400 mètres, panorama sur la Yumbra à l'ouest et la chaîne annamitique à l'est. Ça nous empoignerait... si nous avions le temps.

Cependant, à la halte, à Bu-Ploor, une fugitive fusée de rire : Nhaï distribue les charges, nous avons le compte de porteurs, c'est bien. En marche!

On part. Deux charges restent à terre... Envolés les porteurs. On cherche, on furette, rien.

Cri de triomphe de Nhaï! Au milieu d'un groupe de femmes accroupies, nos quatre gaillards à croupetons, une couverture autour des reins, nous regardaient tranquilles... et narquois.

Leur figure s'allonge, mais les charges sont en route, c'est l'essentiel.

Le soir gîte à Bu-Thol. Etape de 12 kilomètres.

Le sol devient de plus en plus rude, les hommes aussi, comme de coutume, ils prennent l'empreinte du sol.

De Bu Thol à Bu-Krah étape de 7 kilomètres, comme toujours en sapant.

Le 26

Ce n'est plus une marche, mais une ascension, sur un terrain glaiseux où porteurs et tirailleurs glissent à l'envi; et il faut saper! et les chevaux passent aussi!

Les tirailleurs font merveilles, braves et modestes petits serviteurs!

Enfin, à 3 heures, on aperçoit au travers des bambous la grande chaîne des monts d'Annam. Elle est là, on la croit à portée, car la trouée de verdure fait télescope. Le Dong-Naï ne doit pas être loin.

Hourra, les enfants! Hardi! Han! Han!

A 4 heures on dégringole, les uns plus vite qu'ils ne veulent, les autres sur une face postérieure. A 4 h. 30 le Da-Dung!

— Combien Féral?
— 9 kilomètres.
— Exact, d'accord avec mon podomètre.

Vite les tirailleurs et les Moïs construisent des abris, c'est le modeste camp du Da-Dung.

CHAPITRE II

AU DA-DUNG

Notre premier soin est d'envoyer, suivant les instructions, un rapport au Gouverneur.

Nous avons, en prévision, décidé deux Moïs, l'un de Bu-Mun, l'autre de Bu-Ploor, à nous suivre pour le leur confier.

Il sera bref, car au sens pratique nous n'avons rien fait.

Mission de reconnaissance nous sommes, mais de reconnaissance politique et non purement topographique.

Le but à atteindre est de connaître l'homme, le terrain n'est que l'accessoire obligatoire.

« Itinéraire, 101 kilom. 976; route construite, 95 kilomètres; ponts, 4; ponceaux, 10; terrassements importants, 38.

« Reconnu, 27 villages; recensé, 25 villages; état sanitaire satisfaisant, malgré les souffrances causées aux tirailleurs par les sangsues et les mouches; les animaux ont eu également à souffrir; entrain des tirailleurs merveilleux; reste quatre jours de riz. »

Etude des caractères... état d'esprit des populations... que pouvons-nous dire? Rien.

Nous sommes-nous fait aimer? désirer?

Mais non, malgré nos présents abondants; bien que

nous ayons payé royalement ce que nous avons acheté, on ne peut nous aimer puisque nous avons contraint le Moï à porter et que là où il y avait du riz nous en avons pris.

On désire ne plus nous voir, voilà le sentiment que nous inspirons certainement.

Bien, de Bu-Mun, et Wang, de Bu-Ploor ne seront donc pas bien chargés, 17 lignes.

C'est peu, dira-t-on.

Nous estimons nous-mêmes encore plus que c'est bien peu pour tant d'efforts. Alors qu'en procédant autrement l'effort eût été insignifiant et la récolte aussi abondante aux Sé-Sé qu'à la Yumbra!...

Faut-il nous désoler? Non! D'abord cela ne servirait à rien, et puis...

Et puis, notre théorie exposée à Saïgon : « Ne pas faire porter le bagage », avait besoin d'être mise en pratique, épreuve et contre-épreuve.

Dans la Marche de la Yumbra nous avons employé les chars et apporté des vivres, on s'est empressé autour de nous : c'est l'épreuve.

La contre-épreuve? Nous la faisons aujourd'hui, nous n'avons plus de chars, de vivres : on nous fuit, c'est simple. Il faut toujours savoir tirer une bonne conclusion, même des pires situations.

Mais si nous avons conclu qu'il faut apporter des vivres. cela ne nous en fournira pas indéfiniment ici; nous avons quatre jours de riz, il faudra donc ne pas s'éterniser en ces lieux.

Quelque dur que soit l'orciller on s'est endormi... en urope. Le cœur peut bien avoir quelquefois permission e la nuit...

On se réveille sans aucun doute en Asie, car les coups

de tam-tam des gibbons, les gémissements des hurleurs, l'éclat de rire des moqueurs, le bramement des comans, le coup de bouquin du con-naï, et l'orchestre complet de la gente ailée antisymphonique nous font une aubade assourdissante.

— Féral, il faut immédiatement mettre les Moïs à la construction d'un radeau.

Exit Féral... mais il revient de suite atterré.

— Plus de Moïs, monsieur, ils ont tous filé!

— Autant de bouches à ne pas nourrir, construisons nous-mêmes le radeau, hardi tirailleurs!

Les bambous sont heureusement abondants sur la rive inhospitalière du Dong-Naï, c'est une compensation et le rotin y foisonne, magnifique; on abat les uns, on cueille les autres. Mesurons ce bambou, quatre-vingts centimètres de circonférence, vingt-deux mètres de hauteur, et ce rotin? sept centimètres de circonférence, vingt-six mètres de longueur. Au moins on pourra faire un beau radeau.

Et maintenant à l'ouvrage, les enfants.

— Nhaï en sentinelle au bord de l'eau pour interviewer les piroguiers qui monteraient ou descendraient et nous en reconnaissance, vous, Féral, en aval, moi, j'irai en amont, il s'agit de voir s'il y a quelque sentier à utiliser, un village sur terre, un gué pour traverser le fleuve.

Et me voilà seul en compagnie de « 29 »;... nous ne trouvons ni sentier, ni village, ni gué, mais nous sommes la proie des sangsues, des taons et des abeilles.

Au milieu de cette misère, dans ce grand mystère, je retrouve... de vieilles connaissances... mes impressions de la forêt laotienne.

Comme aux environs de Song-Khon, comme au temps de la révolte des Khas et des Pho-Mi-Buns, nous nous hâtons vers le gîte aux dernières lueurs du crépuscule si court en Asie, au milieu du tumulte assourdissant de

la gente ailée battant le rappel. Le tintamarre est assourdissant : perruches, merles, paons, hérons, grues font
assaut de ramages, s'appelant, se cherchant, voletant
d'arbre en arbre, sautant de branche en branche jusqu'au
repos final marqué par la chute de l'astre. Alors aussi
se taisaient ces infernales cigales qui dès la fin de la grosse
chaleur ont commencé leur irritante et monotone chanson;
tous les insectes bruyants sont muets. C'est la nuit, elle
est tombée subitement. C'est maintenant le silence, le
grand silence de la forêt qui ne sera troublé de temps à
autre que par les braments du connay en rut et les cris
du tigre en chasse... et malheureusement par aucune voix
de Moï.

Bilan du 27 : reconnaissances infructueuses aval et
amont, ni sentier, ni village, ni gué ni dans l'une ni dans
l'autre direction.

Pas un Moï signalé sur les rives, ni sur le fleuve.

Abattu, cueilli, taillé, rogné assez de bambous et de
rotins pour construire un fort radeau.

Epuisé une journée de riz.

C'est peu brillant.

Le 28.

Le radeau est construit, mais il a fallu y employer toute
la journée.

Une pirogue est passée. Les gens ont consenti à aborder
après une heure de palabres; ils nous vendent dix kilogrammes de riz et deux poulets; ils déclarent qu'il n'y
a de village que très loin soit en aval, soit en amont; ils
consentent à nous aider à poser, grâce à leur pirogue, un
fort lien de rotin qui nous permettra de transformer le
radeau en bac, car le courant est rapide.

Epuisé une deuxième journée de riz, c'est le plus clair
de la journée.

Il faut refaire un câble, le rattacher, ce sera toute une journée, la situation se corse.

Les **dix** kilogrammes de riz achetés le 28 et le régime de demi-ration nous permettent de subsister encore, mais c'est tout juste.

Mais voilà bien d'autres détails, dans le but de pousser une dernière tentative de nous frayer un passage, pour voir si nous nous étions trompés le 27, nous allons en reconnaissance, Féral en amont et moi en aval.

Aidé de « 29 », je me glisse le long de la berge, tantôt dans l'eau, tantôt accroché aux bambous ou déchiré par les rotins, mais nous n'irons pas bien loin. A 300 mètres du camp nous trouvons les traces d'un feu, les cendres sont encore chaudes, quelques tisons brûlent encore! Vite..., aussi vite que possible nous regagnons le camp, sonnant de la trompe pour avertir Féral, lui communiquer le renseignement avant qu'il s'éloigne davantage.

Le son de sa trompe nous prouve qu'il nous a entendu. Nous sommes ensemble au camp.

Je le vois tout ému.

— Qu'y a-t-il donc?

... Lui aussi avait trouvé les débris d'un feu, il rapportait un brandon de bambou encore fumant.

Décidément nous sommes bien gardés, trop bien gardés, mais demain quoiqu'il arrive nous partirons.

Ce soir on placera double sentinelle pour veiller au camp et aux abords, au radeau et à son câble.

Nous allons donc demain franchir le Da-Dung, à l'aventure, avec un jour de vivres et au milieu d'une population effrayée qui nous fuit.

Qu'importe, il faut prendre de l'air.

Tous les détails sont arrêtés pour que le passage commence demain au petit jour et nous allons, sinon dormir du moins nous étendre, quand Tien bougonnant...

— Qu'y a-t-il donc, Tien?

— Quel imbécile que ce Nhaï!

— Hé calme-toi, Tien, il ne faut pas s'émouvoir ainsi.

— Ah! si vous saviez, monsieur!

— Quoi?... parle.

— Cet imbécile de Nhaï!... qui parle seulement ce soir... s'il avait parlé plus tôt on aurait sans doute pu éviter un grand malheur...

— Mais vas-donc, quel malheur?

— Les gens de Bu-Krah furieux de ce qu'on nous ait guidés chez eux, ont menacé de mort Bien, Wang et Nhaï... cet imbécile vient de me conter cela seulement aujourd'hui, à l'instant! Et Bien et Wang sont peut-être tués!

Voilà bien une nouvelle histoire! Qu'y a-t-il de vrai là-dedans?

Nous faisons comparaître Nhaï, après tout il a toujours été fidèle avec nous, il nous répète les propos des gens de Bu-Krah, il précise...

Il a l'air véridique et digne de foi.

Il est peut-être bien tard pour secourir nos courriers, en tous cas, s'ils ont été molestés, il serait imprudent de laisser sévices ou crime impunis.

Peut-être sont-ils encore en vie et prisonniers, il n'y a pas d'hésitation possible, il faut courir à leur secours... à leur recherche.

La deuxième sentinelle peut rentrer, c'est fatiguer inutilement un homme, les Moïs peuvent couper le câble s'ils le veulent, demain au petit jour nous partirons, mais non pas à l'est, nous retournerons à l'ouest.

— Le bénéfice de ce raid? :

. . . .

— L'explication des échecs antérieurs.

La preuve *indiscutable* qu'on ne peut vivre sur le pays.

La preuve *indiscutable* qu'on ne doit pas contraindre le Moï à porter le bagage.

CHAPITRE III

31 mai.

— Le résultat le plus clair de notre deuxième reconnaissance est pour nous, ce matin, l'absence de Moïs.

Si mince soit notre bagage, comment le transporter?

Les braves petits tirailleurs font l'offre spontanée de s'en charger. Je suis heureux de noter cette nouvelle preuve de dévouement, mais je refuse.

On a préparé des bâts de fortune, on chargera les chevaux, nous irons à pied.

L'étape de Bu-Krah au Da-Dung, bien que de 9 kilomètres seulement, avait compté parmi les plus dures. Celles du Da-Dung à Bu-Krah décroche la timbale et peut prendre la tête de file. Peste! nous en sommes sortis, mais nous avons souvent pensé que nous y resterions.

La pluie diluvienne, le sol argileux sur lequel on glisse quand on ne semble pas s'y enfoncer, les abatis d'arbres et de bambous bouchant la route que nous avions ouverte à l'aller, sangsues, moustiques, taons, abeilles, rien ne nous manqua, mais aussi rien ne put résister à l'endurance merveilleuse, à l'entrain au dessus de tout éloge de nos braves petits tirailleurs.

Partis à 7 heures du matin nous étions aux abords de Bu-

Krah vers 4 heures, nous avions dans de plus dûres conditions marché plus vite qu'à l'aller. Mais le suoi qui coule au pied de Bu-Krah a débordé, c'est un torrent, le marais qui défend le village d'une ceinture fangeuse, le marais encore asséché par le soleil il y a huit jours, est mouvant, les chevaux s'y enlisent. Deux heures de lutte pour sauver les animaux et les charges.

Enfin nous gagnons le contrefort.

— Silence! Chut!... doucement...

Il faut surprendre les gens de Bu-Krah, car, nul doute qu'à notre vue ils ne prennent la fuite.

Il y a deux portes au village, Féral, dès que nous aurons gagné la crête, en gagnera une au pas gymnastique durant que je me présenterai à l'autre.

Pour un coup de théâtre, c'en fût vraiment un... pour les Moïs. La pièce était-elle de leur goût, j'en doute, car, dès qu'ils me virent à la porte ouest, ils prirent la fuite vers la porte est. Ils purent y saluer Féral et nous pûmes procéder aux interrogatoires.

Longue et épineuse opération. Enfin nous recueillîmes l'aveu formel des menaces envers Bien, de Bu-Mun, Wang, de Bu-Ploor et Nhaï, notre interprète, mais les Moïs furent aussi affirmatifs dans leurs dénégations de mise en pratique. D'ailleurs ils n'avaient pas vu repasser Bien et Wang.

.   .   .   .

Nous voulûmes du riz. Nous fîmes tout pour ne pas sortir de la légalité, ne pas prendre de force... Quelle patience il fallut déployer!

Deux heures, deux heures entières de palabres et de discussions pour obtenir une dizaine de kilogrammes de riz en échange d'une quantité phénoménale de fil de cuivre... On nous volait, mais c'était à accepter ou à refuser le marché... à moins que de prendre de force.

Nous préférames payer, au moins notre conscience serait en paix.

Quant à porter le lendemain le bagage, les Moïs déclarèrent net qu'ils ne le feraient pas : fusillez-nous, emmenez-nous, mais nous ne porterons pas.

C'était radicalement poser la question.

Je sais bien que d'autres n'ont pas hésité en pareille circonstance, sinon à Bu-Krah même, du moins sur le Da-Dung, aussi le souvenir en est-il resté et le Blanc y est-il accueilli en conséquence, nous venons de le constater.

Nous ne fusillerons pas. Nous n'emmènerons pas en captivité... nos chevaux porteront... Nous, nous emporterons le souvenir de l'expérience.

Et la pluie tombait toujours, la nuit, comme le jour; le 1er juin, comme le 31 mai.

De Bu-Krah à Bu-Thôl — 7 kilomètres — 10 heures de marche!

A Bu-Thôl, on n'est pas moins surpris qu'à Bu-Krah de notre arrivée inopinée. On avoue naïvement qu'on nous croyait bien loin.

— Et, Bien? Wang?

— Pas vus.

On serre l'interrogatoire, ils ont d'autant plus l'air d'être de bonne foi qu'ils ne nient pas les menaces.

On obtient même — oh! surprise — quelques poignées de riz sans difficultés extrêmes, sinon sans rançon majeure; mais ce qui nous plonge dans l'étonnement le plus profond, c'est la promesse de porter le lendemain...

On a veillé, comme on pense, et pour se garder et pour garder les Moïs porteurs!

2 Juin.

— Il pleut toujours, on dirait plus fort si c'était possible.

Les Moïs prennent les charges, gentiment, c'est extraordinaire.

Nous aurons bientôt l'explication. A douze cents mètres du village, nos coolies mettent charges bas et se précipitent à genoux...

— Qu'y a-t-il?

— Pardonnez-nous, pardonnez-nous, nous avons obéi au chef de Bu-Krah, mais nous ne recommencerons plus...

Nous tremblons. Auraient-ils menti hier. Allons-nous trouver les cadavres des pauvres courriers?

— Non, ces messieurs ont barricadé la route que nous avions coupée en venant, ils l'ont si bien défoncée, obstruée d'abatis qu'il faut en couper une nouvelle, parallèle.

Sapons donc! Mais la pluie complique la situation; elle fait sortir de leurs repaires, sangsues et taons, mouches noires et abeilles, tiques et moustiques. Les jambes des hommes sont criblées de morsures, le corps tout entier est couvert de sangsues; les chevaux souffrent autant.

La sangsue des bois, n'est pas une grosse loche comme notre sangsue d'Europe, c'est un être élégant, hardi, filiforme et agile; elle attend la proie et quand elle en sent l'approche, elle se raidit sur sa ventouse caudale, se dresse, se tend comme un ressort et vous happe au passage. C'est ainsi qu'elle vous attaque à terre. A droite, à gauche, elle vous guette sur les branches que vous frôlez et s'accroche à vous... Du dôme des arbres elle se laisse choir sur votre tête... La pluie les a réveillées, elles sont légion, et leur entrain à l'assaut ne connaît point d'obstacle. C'est une des plaies d'Asie.

On dirait vraiment que le Génie de la Forêt existe et qu'il punit le viol dont nous avons souillé sa retraite, car

les mouches nous dévorent, les abeilles nous piquent
sans trêve.

. . . .

Mais l'entrain des tirailleurs a raison de tout! On
arrache les sangsues, on chasse les mouches aux piqûres
brûlantes, on se serre le ventre, on sape, on passe, on
avance!

Quand même aujourd'hui j'ai bien crû que je n'en sorti-
rais plus jamais de la forêt, je n'ai jamais fumé l'opium,
mais éveillé j'ai fait le rêve que m'ont dépeint les fumeurs,
j'ai senti le dédoublement de mon être, mon âme était
clairvoyante et assistait à la mort de mon corps dans la
forêt.

Les forces m'abandonnaient. Je dus mettre pied à
terre.

Puis tout s'écroulait, s'embrumait, chose lamentable!
j'assistais à l'écroulement de notre entreprise, je ne pouvais plus conduire la mission... puis les idées s'enfuirent
et quand je voulais les saisir, il ne me restait que ce qui
reste aux doigts quand on veut saisir une ombre... rien...
c'était ma déchéance... supplice dantesque.

. . . .

— Monsieur, me dit Tien, avez-vous déjeuné?
Je me cramponne, je m'efforce à rassembler mes
esprits égarés...
— Non, Tien, ce matin je n'ai pas eu le temps.
— C'est que vous avez aussi oublié de dîner hier soir.
C'était ma foi vrai, j'avais d'ailleurs bien d'autres
préoccupations!
Le brave Tien tire de ses fontes une tablette de cho-
colat... elle est dévorée. Les tempes battent moins fort, le
sang-froid revient.
— Tu en as encore une?
— Oui, voici.
On en sortira de la forêt! Allons, en selle...

Que l'homme est une pauvre machine, faute d'un peu de charbon, la machine refusait l'action, misérable machine!

A midi nous arrivons au pied des monts Sé-Sé sur lesquels s'étagent en gradins Bu-Huar et Bu-Ploor.

A notre vue, un Moï bondit... pour fuir... Non, il vient vers nous malgré l'orage, malgré la pluie et les éclairs...

C'est Wang!

Il ne nous saute pas au cou, mais aux genoux qu'il embrasse...

— Tu as été menacé par les gens de Bu-Krah, mon pauvre Wang?

— Oui, mais je suis moins bête qu'eux!

En vous quittant Bien et moi nous n'avons pas été assez sots pour passer dans les villages, nous avons foncé en pleine forêt, Bien a continué sur Bu-Mun portant votre sac à dépêches.

L'orage redouble de rage, le ciel s'obscurcit, mais cela nous est bien égal, notre horizon à nous s'est éclairci...

Le soir nous sommes à Bu-Nma, nous sortirons du cauchemar en quatre étapes; Bu-Noc, Bu-Mun, Bu-Bur; le 6 juin nous sortirons de l'hinterland, nous entrons à Thanh-Xung, dont le chef est depuis seize ans chef de canton de la province de Bienhoà.

Vivre sur le pays. — Faire porter par le Moï.

On nous l'avait conseillé, nous ne le conseillons pas, même à notre plus cruel ennemi.

CHAPITRE IV

DE THANH-XUNG A SAÏGON

(Cantons Moïs annexés à la province de Bienhoà.)

Oui, le Tom-Luoc nous dit fièrement que depuis seize ans il est chef de canton.

— Alors vous avez vu ici des Français?

— Jamais.

— Vous payez impôt?

— Non.

— Vous faites des prestations?

— Non.

— Vous construisez des routes?

— Non.

. . . .

L'annexion consiste, pour le Tom-Luoc, à avoir été une fois à Bienhoà il y a seize ans, il en a rapporté le pouvoir et l'audace et jouit aujourd'hui d'une fortune extraordinaire.

C'est ainsi que le Moï indépendant est victime à la frontière de ses faux frères détenteurs du pouvoir.

C'est ainsi qu'il prendra la haine des Français.

C'est pourquoi il a préféré se réfugier toujours plus avant dans la forêt.

C'est pourquoi il ne veut pas accueillir sans connaître ses hôtes de rencontre.

Le Tom-Luoc a des chars à bœufs et à buffles, il en a trois chargés de résine qu'il vient de piller dans l'hin-

terland, piller n'est pas excessif, il a échangé résine contre
sel à raison d'un picul de résine (60 kilos) contre un kilogramme de sel!

Le Tom-Luoc met à notre disposition des chars.
Féral, escorté de quatre tirailleurs, va gagner Phu-
Trith pour en ramener le bagage. Il rentrera par Hon-Quan
et Saïgon.

Quant à nous, le bagage chargé sur un char, les tirailleurs installés dans deux autres, nous allons gagner, en
galopant jour et nuit, Bin-Cach, Ban-Mua et Tan-Uyen.
L'Administrateur de la province de Bienhoà a gracieusement envoyé à notre rencontre et nous fait souhaiter
la bienvenue, procédé courtois dont nous sentons toute
la délicatesse et dont nous gardons heureusement le
souvenir.

De Tan-Uyen nous gagnons Bienhoà en jonque, mode
de transport goûté des tirailleurs. A Bienhoà il faut
nous faire violence pour ne pas céder aux amabilités de
l'administrateur adjoint qui veut nous faire gîter ici.
Nous montons en wagon, ce qui nous semble à tous
extraordinaire et, le soir même, nous rentrons à Saïgon,
le 9 juin.
Féral rentrait à son tour le 13.

Par arrêté, en date du 21 juin, le Gouverneur déclarait
close la première campagne de la Mission de reconnaissance dans l'Hinterland moï.

Ecrire le récit de ces bonnes ou dures journées a été
les revivre, il nous semble donc être encore avec nos compagnons, et maintenant que nous arrivons au terme, nous
croyons nous séparer d'eux à nouveau.

Nous ne le ferons pas sans émotion.

Au cher disparu, à Baron, nous envoyons par le grand au delà un grand salut chargé de reconnaissance; il restera toujours inoublié.

Féral, qui est rentré en France en juillet, est encore à l'hôpital militaire de Marseille, ne se remettant pas de l'épuisement consécutif aux morsures de la horde des parasites de la forêt.

Il est proposé pour adjudant, mais n'a pas encore l'épaulette d'argent, qu'il mérite, car ce fut un rude compagnon, un précieux collaborateur.

Et vous petits tirailleurs, vous fûtes, les caïs promus doïs et les simples canards promus caïs; « 29 », l'artilleur, libéré, est un seigneur chez lui; Haï et Bé villégiaturent au cap Saint-Jacques.

Aussi modestes que dévoués, vous fûtes nos serviteurs zélés en la mission, avec plaisir je vous rends la justice qui vous est due, le témoignage écrit de vos solides vertus.

QUATRIÈME PARTIE

CHAPITRE PREMIER

SOL. — CLIMAT

L'Hinterland Moï s'étend du nord de la Cochinchine au sud du Laos, de l'est du Cambodge à l'ouest de l'Annam.

Les territoires moïs de la boucle du Song-Bé présentent jusqu'au Da-Dung (Dong-Naï), une suite ininterrompue de mamelons. Les vallées sont nulles, on rencontre quelques rares plaines marécageuses et sur les sommets quelques plateaux de peu d'étendue, partout ailleurs le pic mamelonné et la pente. Parfois quelques traces de roches, vieux vestiges des convulsions volcaniques, le conglomerat argilo-ferrugineux, dit « Bienhoà », se trouve fréquemment.

Terre rouge et forte; plus jaune et plus argileuse de Bu-Carre au Da-Dung.

Végétation luxuriante.

Forêts superbes ininterrompues, le pays est une forêt; mers de bambou, de tranh.

Altitude moyenne, 160 à 200 mètres. On atteint fréquemment 250, 300 et 350 mètres. La Yumbra mesure 585 mètres, les Sé-Sé 380 à 405 mètres.

La température est sensiblement égale dans la région. Thermomètre du 1er février au 1er juin :

Maxima : Au plus haut, 38º; au plus bas, 29º; moyenne, 33º.

Minima : Au plus haut, 25º; au plus bas, 19º; moyenne, 24º.

Le plus grand écart dans les 24 heures a été 14º.

Deux saisons, la sèche et la pluvieuse. Novembre et Avril les limitent.

Durant notre séjour, le climat a été pour nous très salubre.

CHAPITRE II

POPULATION. — HABITATIONS. — MŒURS

RACE : Types ariens, indiens, chinois, malais, etc., etc. Variété infinie qui demande une longue et minutieuse étude.

CHEVEUX : Noirs, lisses ou ondulés, frisés ou crépus.

FRONT : Moyen.

YEUX : Foncés, peu bridés, clairs et vifs.

OREILLES : Fortes, lobes déformés par l'usage de boucles trop lourdes.

NEZ : Epaté et aquilin, busqué, parfois retroussé.

DENTS : Bonnes et belles, chez l'adolescent et chez les femmes.

Il est de mode, pour les hommes, de raser les dents de la mâchoire supérieure,

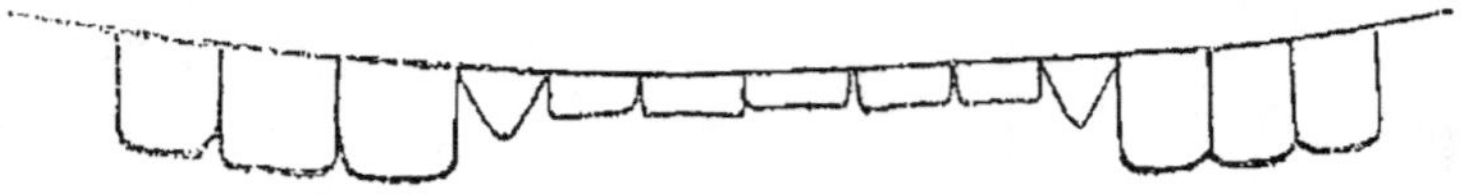

et de tailler en pointe celles de la mâchoire inférieure.

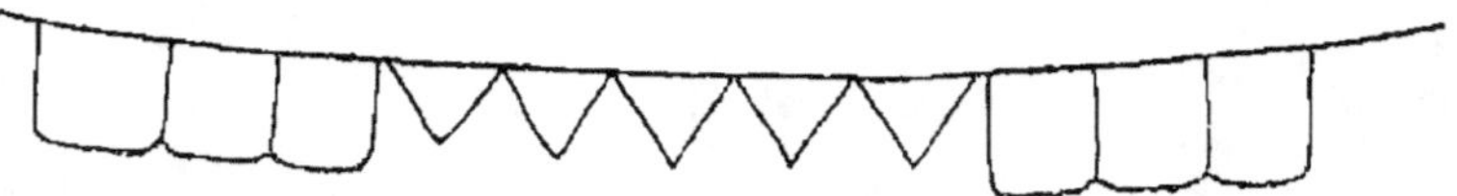

L'opération se fait à l'aide d'un couteau et d'un maillet.

EPIDERME : Toute la gamme du bronze. Quelques

rares types tirent sur le noir, nous avons rencontré deux sujets complètement noirs.

Port de tête : Elégant, fier.

Taille : Elevée.

Poitrine : Large.

Muscles : Solides.

Bras : Très longs.

Attaches : Fines.

Mains : Pas très grandes.

Pieds : Très grands.

Les femmes sont moins fines que les hommes. Cependant il existe dans la Marche de la Yumbra quelques jolis types. Plus fortes, plus épaisses sont les femmes du Sé-Sé, particulièrement trapues à Bu-Carre.

POPULATION

Villages : Les Moïs sont groupés par villages de 10 à 20 feux en moyenne. Parfois le village ne comprend que 5 à 6 feux, par contre on en voit quelques-uns de 25, 30 et même 35 feux.

Chaque village représente, en général, une famille.

Souvent la famille essaime et va à quelques centaines de mètres former un nouveau village qui conservera toujours le nom originel, auquel est ajouté le nom du nouveau chef, exemple : Bu-Nu-Borth, Bu-Nu-Blé, Bu-Nu-Jup, etc.

A la mort du chef de village, on change de place. Ce n'est toutefois pas une règle immuable. Exemple : Boek-Corre, construit par le grand-père d'Irap. Mais, en général, on réinstalle les cases à cent ou deux cents mètres. plus à droite ou plus à gauche et le village change seulement de désinence.

Ainsi Bu-Nu-Blé deviendra, au décès de Blé, Bu-Nu-Œil, du nom de son fils et successeur. Pour éviter les erreurs ultérieures, tout en notant les désinences, nous

MOÏS ET MOÏETTES

avons numéroté les villages et les Moïs commençaient à adopter cet usage.

Exemple :

Bu-Nu-Borth. . . . . Bu-Nu I.
Bu-Nu-Blé. . . . . Bu-Nu II.
Bu-Nu-Xrin. . . . . Bu-Nu III.

Pour quelles raisons · les familles essaiment-elles? Par suite d'accroissement, pour se rapprocher de rays trop éloignés, etc., etc.

HABITATIONS

En bambou. A raz de terre ou sur pilotis. Plus souvent sur pilotis. Une seule case pour ·la famille, père, mère, fils, filles, frères, sœurs, oncles, tantes, neveux, nièces, petits-fils, petites-filles. Un foyer par ménage, simple cadre de bois rempli de terre durcie au soleil posé à même sur le plancher à l'extrémité antérieure de l'espace réservé au couple. Pas de séparations, plusieurs portes auxquelles on accède par des échelles. Les cases moïs mesurent parfois 80 mètres de long et souvent plus, 5 à 6 mètres de profondeur.

Tout le monde vit, dort, cuisine, papote, popote sans cris ni discussions, la plus grande harmonie règne entre tous.

Les villages sont tous protégés par une palissade, quelquefois double, parfois triple.

COUTUMES

Naissance. — Accouchement en présence de la sage-femme. Bains d'eau chaude avec herbes. Repos de 8 à 9 jours pour les riches, de 4 jours pour les autres. Ensuite la femme reprend son travail et ses occupations antérieurs.

Enfance. — Enfants nus, allaités jusqu'à 4 et 5 ans, pas de gros ventres, car on leur donne très tard du riz, à l'encontre des mœurs annamites, cambodgiennes, laotiennes et autres.

Fiançailles. — Dès l'enfance. Deux ou trois ans avant le mariage le fiancé le moins riche va habiter avec sa future famille.

Mariage. — Sans cérémonie autre qu'une orgie de buffles, bœufs, porcs, volailles et alcool. *Résidence* chez le plus riche des conjoints. Souvent l'homme, tout en travaillant dans son nouveau village, continue à travailler dans l'ancien, dans l'un il travaille pour lui, pour sa femme, dans l'autre pour ses père et mère.

Mort. — Les riches gardent le cadavre jusqu'à 8 jours. On l'entoure de couvertures ficelées avec des fibres d'arbre. Le corps est laissé sur sa natte à sa place familiale. On pose dessous des bambous fendus aboutissant à une jarre où sont recueillies les matières en décomposition. Durant toute la veillée concert de gongs entremêlés de chants. Quand le cercueil est terminé, on y place le corps auprès duquel on met des bols de riz *pour qu'il n'ait pas faim* et des gongs *pour s'amuser.*

Il est porté à la fosse par quatre hommes, à l'aide de brancards. Famille et amis suivent. La *fosse* est dans un des rays du défunt, ou dans un cimetière commun, situé, en général, à la porte du village. On recouvre la bière de terre, puis on l'abrite d'un petit toit en chaume, sous lequel on dépose bols de riz et jarres pleines d'eau.

La cérémonie est couronnée par une orgie.

N'en est-il pas souvent de même en France?

L'homme n'a pas à *hériter,* de sa femme il possède seul. La femme hérite de son mari. Les enfants héritent de leur mère.

MŒURS

Le Moï est un grand enfant. Indépendant, jaloux de cette indépendance jusqu'à tout abandonner, maison, femme, enfants, richesses, plutôt que de perdre la liberté.

Chaque nation a une caractéristique, celle de la race moï est l'*amour de la liberté*.

La *pudeur* se manifeste suivant les latitudes, ici les gens vont nus, c'est que la nudité ne choque pas les convenances et ne provoque pas de mauvaises pensées, toutefois hommes et femmes cachent avec soin les parties sexuelles.

L'*adultère* est rarissime, la *prostitution* est inconnue.

La *polygamie* existe sans être une règle, elle est plutôt rare.

L'*esclavage* existe encore. Cependant nous n'avons reçu, pendant notre séjour, aucune plainte de rapt. Il y a des esclaves certainement, mais leur possession paraît remonter à une ère plutôt reculée. Ils font d'ailleurs partie de la famille et sont traités, hormis le droit de s'en aller, comme gens libres.

Le Moï est imprévoyant, heureux, n'ayant pas d'histoire, n'ayant pas de besoins, vivant de peu. Se grise aux fêtes, tout comme en France nos villageois, sans être ivrogne. Jamais de querelles. Pillard, dit-on. — Jamais je n'ai été à même de le constater. Honnête. — On ne m'a jamais rien dérobé, on m'a même rapporté des objets de valeur volontairement oubliés.

La parole du Moï est sûre, on peut s'y fier. Goinfre comme un enfant quand on le régale; friand de sel. *Oisif*, puisqu'il n'a pas de besoins. *Travailleur* si on lui fournit une tâche. *Menteur?* Pas plus qu'un Européen, bien moins que tout autre asiatique. Rusé comme un enfant; ses malices sont d'ailleurs cousues de fil blanc.

Pas d'opium. Fumerie de tabac, hommes et femmes, enfants encore à la mamelle fument cigarettes roulées dans des feuilles de bananier, de gô, de sao, de cok. Pipes en racine de bambou.

Le Moï chique le bétel. La noix d'arec, fort rare, est remplacée par l'écorce du day-van-dung, du day-ban-van, du cay-chay (ne pas confondre avec le chai).

Feu. Le Moï emporte en route un brandon de bois allumé ou se sert d'un briquet où l'amadou est remplacé par la moelle du cam ou du gum-dît.

VÊTEMENTS

Hommes. — Un « trogn » ou pagne de 3 à 4 mètres de long sur 0 m. 30 de large, en coton teint, bleu, rouge et kaki mélangés au blanc. Parfois une veste sans manches, même tissu. Toujours même étoffe pour les couvertures qui la nuit protégeront du froid.

Femmes. — Quatre modes : 1º un jupon descendant de la taille un peu au-dessous du genou; 2º le trogn comme les hommes; 3º un trogn un peu plus court... et plus étroit; 4º un trogn plus rudimentaire encore, presque une ficelle. Gorge, seins et ventre nus.

Hommes et femmes se parent de bracelets en fil de cuivre et s'en couvrent bras et jambes. Colliers de perles, de dents de chien, de dents de sanglier, de graines, de tiges de bambou, de griffes de tigre; de fer (marche du Sé-Sé).

Boucles d'oreilles en argent (très rares), en bambou, en os, en ivoire.

Hommes et femmes portent les cheveux longs, noués en un très élégant chignon, retenu par un peigne de bois, les hommes l'ornent de longues épingles de cuivre agrémentées de plumes.

L'homme est beaucoup plus coquet que la femme.

ARMES

Coupe-coupe, toujours à l'épaule. Couteau à la ceinture. Lance. Arc, flèches. Les flèches sont souvent empoisonnées avec la sève d'un arbre que les annamites appellent chay-xe et les Moïs cha-hué.

TRAVAUX

Se partagent également, fraternellement entre les hommes et les femmes.

A l'aube, la femme décortique le riz en le frappant dans un mortier avec un pilon, elle le vanne, puis le fait cuire.

Elle puise de l'eau dans des calebasses, l'homme l'y aide en rapportant aussi de l'eau, mais dans de longs bambous. Elle décortique et égrène le coton, le file, le tisse. Elle ensemencera le paddy, en suivant l'homme qui « laboure » à l'aide de deux piquets après avoir préparé le rays en mettant le feu à la forêt; l'homme chasse, pêche, récolte résine, cire, miel, rotins, etc., tresse de la vannerie et moissonne avec la femme.

RELIGION

Ni monuments, ni traditions; il n'y en a aucune idée, aucun culte.

Les Moïs croient-ils à quelque chose? Plus ou moins. C'est vague, très vague, indéfini... un rien.

Une seule fois nous avons cru tenir le bout d'un fil... il a cassé de suite.

C'était à Bu-Nma. La nuit, nous entendons une mélopée interminable.

— Qu'est-ce?

— Un Moï qui prie...

Le matin nous nous précipitons. Nous faisons venir le dévot nocturne et l'interrogeons.

— Tu priais cette nuit en chantant?

— Oui.

— Qui priais-tu?

— Le ciel.

— Qu'y a-t-il au ciel.

— Je n'en sais rien.

Malgré notre insistance pressante, impossible de faire jaillir une idée.

— Pourquoi priais-tu le ciel?

— Pour mon grand-père et ma grand'mère qui sont morts.

— Que demandais-tu au ciel?

— Rien.

— Mais si puisque tu priais pour ton grand-père et ta grand'mère.

— Ah! oui, pour qu'ils soient heureux, n'aient pas faim et mangent beaucoup.

C'est tout, c'est peu.

Et c'est le seul Moï que nous ayons entendu « prier le ciel », geste spontané chez ce sujet.

On parle de l'Esprit de la Montagne, de celui de la Forêt, de celui des Eaux; c'est une crainte, plus qu'une religion, elle entraîne quelques pratiques assez disparates, trop différentes, surtout trop rares pour que l'on puisse dire qu'elles forment un *Culte*.

Sorciers et *Sorcières*. — Agents politiques plutôt que religieux, vulgaires farceurs qui exploitent, comme en France, les naïfs, s'en servent pour venger leurs rancunes ou accroître leurs biens.

Il y a des *superstitions*. A Hon-Quan, nous avons vu, entendu un chef de canton demandant à changer son cachet, le sien « ayant rendu malades tous les habitants de son village. »

CHAPITRE III

PRODUCTIONS. — AGRICULTURE — INDUSTRIE

Faune.

La faune est aussi riche que variée.

Mammifères.

L'éléphant à l'état sauvage ou domestique se rencontre dans l'Hinterland. Nous n'avons pu en approcher, car la chasse à l'éléphant demande trop de temps, mais dans la Marche de la Yumbra il y avait un éléphant domestique, à Bu-Ton, et un dans la Marche du Sé-Sé, à Bu-Ploor.

Le rhinocéros. Durant tout notre court séjour sur les rives du Da-Dung nous en avons aperçu un sans pouvoir le tirer.

Le tigre, la panthère, le chat-tigre abondent et sont les rois de la jungle.

Le buffle sauvage forme encore des troupeaux énormes; le buffle domestique est très commun. Les Moïs ne l'utilisent qu'à la boucheie.

Le bœuf sauvage court encore la brousse en troupes qui atteignent quelquefois plusieurs centaines de têtes; quand une de ces bandes charge, rien ne reste après leur passage, tout a été rasé.

Le bœuf domestique abonde, les Moïs ne l'emploient à aucun travail, ils se contentent de le manger.

Les vaches ne sont pas traites, le lait et ses dérivés sont des aliments inconnus.

Le sanglier foisonne.

Le cochon domestique présente différentes variétés, conséquences probables de la liberté dont jouissent ces animaux qui folâtrent souvent avec les sangliers.

Le cheval est inconnu dans la partie de l'Hinterland que nous avons reconnue.

Le cerf de très forte taille ou élan, nommé dans la région con-caton, se rencontre par bandes de vingt à trente têtes.

Le cerf ou pé-jol, en annamite con-man se trouve partout.

Le chevreuil ou pé-jul, en annamite con-naï, est abondant.

La chèvre, très rare, ne se trouve que dans quelques villages frontière.

Les fouines dévastent les poulaillers des villages.

Le chien sauvage est rare, plus rare encore que le chien domestique.

Le pangolin, l'écureuil, le rat palmiste, la chauve-souris de variétés multiples, depuis la lilliputienne jusqu'à la gigantesque, l'agouti sont hôtes communs de la forêt.

Le chat domestique est des plus rares, nous en avons. vu cinq ou six dans toute la région. Plus abondants malheureusement sont les chats sauvages, qui commettent maints dégâts.

Le rat est un fléau, ses dégâts sont la terreur des moïs.

Les singes abondent, de toutes tailles, de tous poils.

Le lièvre, notre jardinier en tua un; c'est le seul que nous vîmes.

Lapins, sauvages ou domestiques, inconnus.

Oiseaux.

En abondance.
L'aigle, le vautour, le faucon, l'épervier, le corbeau, la chouette.
La grue, la cigogne, le pélican, le plongeon, l'oie sauvage, (l'oie domestique est inconnue), le canard sauvage, très rare le canard domestique, la sarcelle, la poule d'eau, le courlis, le râle, le paon, le coq sauvage, la poule sauvage.
Le coq et la poule domestique abondent et présentent diverses variétés, toutes superbes.
La bécasse, la bécassine, le bécasseau, le pigeon vert, ramier, (le domestique inconnu), la tourterelle à foison, la perdrix rare, le faisan très rare, le merle à bec jaune, le merle à gilet blanc, le merle siffleur, toutes les variétés de pies et martins-pêcheurs, les perruches de toutes sortes, enfin l'hirondelle et le moineau forment la gent ailée du pays moï.

Reptiles.

Le caïman se trouve dans le Da-Dung, le Song-Bé, les suois un peu forts et même les marais.

Les serpents doivent exister évidemment dans cette région, mais alors que nous les avons vu pulluler en Cochinchine, au Laos, au Siam, nous n'en avons vu ici, en quatre mois, qu'un seul.

Lézards et caméléons, tortues de terre et tortues d'eau, très voraces ces dernières et très dangereuses, **sangsues**.

Poissons.

Nous n'avons aucun renseignement détaillé et précis.

Insectes.

Variétés infinies, depuis celles qui charment les yeux, papillons aux ailes vermeilleuses et bizarres, jusqu'à celles qui empoisonnent l'existence asiatique, les tiques et moustiques, etc., etc.

Flore.

Idéale! Merveilleuse! Orchidées superbes, fougères arborescentes gigantesques, camélias;... mais il eût fallu un spécialiste pour classer toutes ces merveilles et nous l'avons perdu.

Arbres fruitiers et plantes alimentaires.

Arbres fruitiers très rares, pas de cocotiers ni manguiers, quelques rares aréquiers, aussi rares bananiers, pas d'orangers, mais quelques citronniers, des jaquiers, c'est tout avec les letchis sauvages.

Les plantes alimentaires : aubergines, courges, pastèques, le manioc, les patates, l'igname, l'ananas, le piment, le nénuphar, le maïs; enfin le riz qui fait tout à la fois la base et tout l'édifice de l'alimentation moï.

Plantes industrielles.

Le cotonnier arborescent et le cotonnier annuel,
l'ortie de Chine, le bétel, le tabac, le sésame, la canne
à sucre excessivement rare, l'indigotier et des arbres à
écorce tinctoriale, un arbre dont nous n'avons pu fixer
le nom et qui produit de la laque, etc., etc., les arbres
dont l'écorce rouïe forme cordages et ficelles.

Il serait superflu d'ouvrir un chapitre pour

l'*Agriculture,*

Car le Moï ne cultive en grand, si encore on peut dire
« en grand », le Moï ne cultive que le riz. La nature et
la disposition du sol ne permettent pas la création des
rizières annamites et, partant, l'emploi de la charrue.

Les procédés et instruments de culture sont bien primitifs et bien sommaires : La hache, le coupe-coupe,
pour faire des abatis; deux piquets de bois dûr pour
faire les trous où seront déposées les semences; une
binette minuscule pour arracher les mauvaises herbes
pendant la croissance du riz; une faucille pour la moisson, voilà tout.

La Forêt.

La forêt à elle seule assure la richesse du pays, quand
on daignera la mettre en exploitation; car elle renferme
toutes les essences précieuses depuis le bois d'aigle jusqu'au teck, toutes les variétés utiles :

Gô.	Tan.
Sao.	Bang-lang.
Ven-ven.	Ca-Laô.

May-khen.   Seu.
Chai.   Lon-Tan.
Louan-Tan.   Cam-laï.
Hunynh-duong.   May-ly.

L'industrie.

L'industrie est nulle.

Les femmes filent et tissent quelques pauvres étoffes de coton, pour l'usage, rien que pour se vêtir.

Les hommes tissent quelques cordages et, vanniers adroits, fabriquent quelques paniers, hottes ou carquois en bambou et rotin, c'est tout.

On ne peut vraiment pas même mentionner les quelques marmites qu'ils fabriquent, les outils dont ils se servent, car les fers de ces outils sont tous importés.

CHAPITRE IV

Actuellement, le commerce est nul.

Quelques échanges se pratiquent, bien peu nombreux, car le mercanti n'ose se risquer dans l'intérieur et le Moï de l'intérieur craint de sortir de son petit centre.

Les objets qui parviennent à l'intérieur ont donc franchi l'espace de main en main, d'échange en échange, et leurs prix arrivés à la dernière étape sont devenus fantastiques.

Actuellement, on n'importe guère régulièrement que les fers d'outils et d'armes.

Mais dans fort peu de temps, un courant commercial *important* pourrait être créé.

Après avoir sommairement éduqué le Moï, qui n'est pas rebelle au travail, on pourrait certainement exporter :

Riz.	Bœufs.
Tabac.	Ecorces masticatoires.
Coton.	Nattes.
Ramie.	Cire.
Porcs.	Laque.

Bois.
Peaux.
Buffles.
Volailles.
Cordages.

Rotins.
Résine.
Bambous.
Vannerie.
Cornes.

Par contre, on importerait facilement les matières suivantes, les premières à importer sont :

Sel.
Jarres.
Gongs.
Fil de cuivre, 5 millim.
Feuille d'étain, ½ millim.
Perles.
Cotonnade rouge.
Fers de lance.
Coupe-coupes.
Couteaux.
Quincaillerie.
Chum-chum.
Chaux à chiquer.

Tricots.
Vêtements.
Couvertures.
Turbans.
Poterie.
Pipes.
Papier à cigarettes.
Allumettes.
Bijouterie.
Bimbeloterie.
Pacotille.
Mam ou poisson sec.

Les échanges entre moïs se font sur parole.

La parole du moï est absolument sûre.

Néanmoins, pour mémoire, on inscrit sur une lamelle de bambou, à l'aide de coches, à l'instar des boulangers français de province.

Fac-similé d'un billet à ordre sur lamelle de bambou.

Cette coche
indique la dette : un buffle.

diem-thi du débiteur
(mesure de l'index du débiteur.)

Le créancier témoin.
Sa femme.

Mesures. — Numération.

Les Moïs mesurent le paddy dans leurs paniers dont le gabarit n'est pas toujours vérifié, — en tous cas ils ne sont pas poinçonnés! — c'est un peu à l'œil. Néanmoins, la mesure adoptée est dénommée *ya*. Il faut environ deux yas pour faire un picul (1).

Les Moïs comptent bien, énumèrent facilement centaines et mille.

Métrage.

La brasse, la coudée, la main, le pouce.

Numéraire.

Etait inconnu avant le passage de la Mission.

(1) Le picul, 60 kilogrammes.

CHAPITRE V

VOIES DE COMMUNICATION

L'Hinterland a pour développement des Marches de la Yumbra et du Sé-Sé deux voies admirables, le Da-Dung qui borne la région des monts Sé-Sé à l'est et le Song-Bé qui, providentiellement, entoure la Marche de la Yumbra de sa boucle bienfaisante.

Les routes n'existaient pas.

Nous avons créé un premier réseau de pistes charretières, cavalières et de chemins de piétons.

Notre sape a produit 206 kilomètres pour la première catégorie, à 3 m. 50 de large, et 275 kilomètres pour la seconde, à 3 mètres de large. Ensemble, 481 kilomètres.

Pour mémoire : terrassements, ponts, ponceaux et chemins de piétons.

CHAPITRE VI

DICTIONNAIRE MOÏ

RECUEIL DE 500 MOTS FAIT DANS LA MARCHE

DE LA YUMBRA EN 1904

PAR

† PIERRE BARON ET PAUL PATTÉ

Pour exprimer le son de la langue Moï, nous avons adopté comme mode de transcription celui de l'école française d'Extrême-Orient.

A

a = a français dans *bac*.
$\dot{a}$ = a plus près de *e*, anglais *back*.
$\hat{a}$ = a plus près de *o*, anglais *hall*.

Abeille, *xet*.	Ail, *móm-tói*.
Aboyer, *blõ*.	Aile, *pnar*.
Acheter, *pórc*.	Aimer, *chăp-di*.
A droite, *ban ma*.	Aisselle, *man-vát*.
A gauche, *kieo*.	Aller, *hanh*.

Aller à cheval, *dé-sec*.
Aller à pied, *hanh-án*.
Allumer le feu, *goé-ugne*.
Ami, *top-arh*.
Annamite, *nuan*.
Anneau de pieds, *dóc-dáy*.
Année, *nàm*.
Année dernière, *nàm-mui*.
Année prochaine, *nàm-cói*.
Apercevoir, *kóúl*.
Appeler, *kúol*.

Aprés-demain, *nac-tó*.
Araignée, *par-ben*.
Arbre, *tàm-jú*.
Arc, *ru-nu*.
Arc-en-ciel, *truóc-tàm-tinh*.
Aréquier, *tróm-xala*.
Argent, *prak*,
Aujourd'hui, *ma-noc-ey*.
Aurore, *an-nghé*.
Avant-hier, *menn-mui*.

B

b =
bh = b + aspiration.

Bague, *con-chiane*.
Banane, *play-brit*.
Bananier, *tróm-brit*.
Balai, *bó-nôc*.
Barbe, *tép*.
Barque (pirogue), *duôc*.
Beaucoup, *oé*.
Bec, *smot*.
Bêche, *A'ong*.
Bétel, *kbú*.
Bœuf, *gu*.
Boire de l'eau, *irk-dar*.
Boire de l'alcool, *irk-bê*.
Bois à brûler, *lúon*.
Bois de construction, *gó*.
Boîte, *brióp*.
Bol, *tugàl*.

Bon, *cá*,
Bonne odeur (sentir bon), *phui*.
Bouc, *bé-gmat*.
Bouche, *oàm*.
Boucles d'oreilles, *bó-hual*.
Bouclier, *tung*.
Boue, *lamot*.
Bourgeon, *mat*.
Bouteille, *doóp*.
Bouton, *plèn-ao*.
Boutonnière, *dam-vân*.
Bracelet, *con-broon*.
Branche, *mêk*.
Bras, *tii*.
Brique, *gach*.
Bruit, *dan-lou-phút*.
Buffle, *kúrbú*.

C

ch = quôc ngü *ch* : à peu près fr. *ti* dans *tiare*.
chh = ch + aspiration.

Cadeau, *daii*.
Caïman, *kerbén*.
Canard, *dàa*.

Caverne, *trum*.
Ceinture, *cà-vàch-bich*.
Cendre, *bó*.

Cerf, *pè-jul.*
Cette année, *nàm-éy.*
Cet endroit, *bóc-tòa-ao.*
Chair, *pail.*
Chanter, *luu-rach.*
Chapeau, *dóon.*
Charbon, *xa.*
Charrette, *l-dê-gú.*
Charrue, *cày.*
Chat, *méo.*
Chatte, *méo-gmi.*
Chemin, *tron.*
Cheval, *xê.*
Cheveu, *sók.*
Chèvre, *be-gmi.*
Chevreuil, *pê-jól.*
Chien, *só.*
Ciel, *tróc.*
Cire, *jirong.*
Citron, *play-krut.*
Cochon, *có-re.*
Cocotier, *tróm-dung.*
Collier, *xi-linh.*
Combien, *ból-ock.*
Comme ça, *tam-ao.*
Comment, *by-chón.*
Comprendre, *tan-hói.*

Concombre, *blay-pâng.*
Coq, *hire-dung.*
Coq sauvage, *hire-briê.*
Corbeau, *nark.*
Corde, *xé-rê.*
Corne de buffle, *hé-kurbu.*
Corps, *xàc.*
Coton, *pá.*
Coton sauvage, *lcar.*
Cou, *có.*
Coudre, *dire.*
Coupe-coupe, *huêr.*
Couper (séparer), *sraî.*
Couper le riz, *trut-bar.*
Courir, *tnóch.*
Cousin, *ocbit.*
Couteau, *pê.*
Couverture, *néén.*
Crâne, *tinh-pát.*
Crapaud, *nraóc.*
Crevette, *tàm.*
Crinière de cheval, *soc-xe.*
Crocodile, *kó-bó.*
Cuiller, *hake.*
Cuisse, *blu.*
Cuivre, *xa-bane.*

D

d =
dh = d + aspiration.

Défense, *blóc-ruê.*
Défense de sanglier, *krieng-chirk-kè.*
Demain, *r-uille.*
Dent, *ciek (cirq).*
Doigt, **contierk.**

Donner, *aan.*
Dormir, *bitte.*
Dos, *kóil.*
Doucement, *hieng.*
Descendre de l'échelle, *jùrg-gung.*

E

ê = e très ouvert, = cambodgien, *khmér*.
e = e muet, français *de*.
é = e fermé, français *félicité*.
e = e à demi-ouvert, français *avec*.
è = e ouvert, français *crême*.

Eau, *dar*.
Eau froide, *dar-ngátte*.
Eau chaude, *dar-tanh*.
Eau-de-vie de riz, *thê*.
Ecaille, *clak*.
Echelle, *srap-ca*.
Ecorce, *gúng*.
Ecouter, *cóp*.
Ecrire, *qúóte-trói*.
Ecriture, *sé-bièn*.
Ecureuil (rat palmiste), *sá-bièn*.
Eclair, *dtè*.
Eléphant, *claate*.
Encre, *ruê*.
Enfant, *dac-truom*.

Ennemi, *con-réne*.
Entendre, *nhorne*.
En avant, *dàng*.
Epaule, *boh*.
Epingle, *bliút*.
Epouse, *glaan*.
Eteindre le feu, *xa-urre*.
Etoffe, *ta-ïét-ugne*.
Etoffe de coton, *knáte*.
Etoffe de soie, *canate*.
Etoile, *bráy*.
Etre ivre, *biól*.
Etable, *król*.
Etable à bœufs, *król-gú*.
Etable à buffles, *król-húrbú*.
Etable à cochons, *król drùn*.

F

f =

Faire cuire le riz, *gàm-pédin*.
Fatigué, *ganh*.
Feuille, *la*.
Femme, *urre*.
Femme mauvaise, *urre-mbró*.
Femelle, *mé*.
Fenêtre, *lo-bon-ngên*.
Fer, *teck*.
Feu, *ugne*.
Fil de coton, *xay-bray*.
Fil de soie, *suic*.

Fil de cuivre, *conrùt*.
Fils, *cone*.
Fille, *cón-dung*.
Flairer, *bó-bay*.
Flèche, *con-nar*.
Fleur, *cao*.
Forêt, *bri*.
Fourmi, *klin*.
Foyer, *gràn*.
Frère aîné, *jèm*.
Frère cadet, *àh*.

Frapper, *uai*.
Fouine, *pe-hy*.
Front, *ngna*.
Fruit, *cao*.

Fumer, *lŏi*.
Fumer le tabac, *jŏc-bó-cảo*.
Fusil, *cam-plúng*.

G

g = g dans *gant*.
gh = g + aspiration.

Genou, *blu*.
Graisse, *duong*.
Grand, *mảh*.
Grand-père, *jau*.
Grand'mère, *ji*.

Grand panier plat, *dỏon*.
Grenouille, *pay-cót*.
Griffe de chat, *con nia mẻo*.
Gauche, *bảr*.

H

h = aspiration.

Hache, *xung*.
Haie, *labon*.
Haricot, *play-tỏ*.
Herbe, *xa-mau*.
Hier, *minh-no*.

Homme (oir), *cló*.
Homme en général, *bole-bu (les autres)*.
Huile, *bỏl-riéng*.

I

i = i français dans *fil*.
i = i très bref se rapprochant de l'*e* muet.

Il, *bu*.

J

j = quŏc ngü *d, gi :* à peu près *di* dans fr. *diable*.
jh = j + aspiration.

Jambe, *pỏ*.
Jaquier, *tróm-hả-nor*.
Jardin, *hia-nam*.
Jeune homme, *con-cló*.

Jeune fille, *con-urre*.
Joue, *tméro*.
Jour, *nan*.

L

l =

Lac, *do-dar*.
Lait, *dar-bo-tö*.
Lampe, *chúng-ló*.
Langue, *plal pirq*.
Larmes, *dar-pmat*.
Lèvre, *xinh-dóc*.

Liens en bambou, *xây-tugór*.
Livre, *s'ach*.
Lire un livre, *riên-xá-s'ach*.
Lit, *nóle*.
Lit de camp, *gueh*.
Lune, *khaï*.

M

m =

Magasin à paddy, *troul*.
Main, *baan-tii*.
Main droite, *baan-ghico*.
Main gauche, *baan-mâa*.
Maïs, *play-boot*.
Maison, *nhi*.
Malade, *gróne*.
Mâle, *kmac*.
Manger le riz, *xuón-péain*.
Mangue, *blay-snây*.
Manguier, *xoai*.
Mamelles, *bó-tö*.
Mari, *xa-cló*.
Marmite, *dâ*.
Marteau, *búa*.
Marais, *xa-tóc*.
Mauvais, *man-cá*.
Mauvaise odeur (sentir mauvais), *bó-óm*.
Médicament, *chan-tram*.

Médicaments pour la toux, *ta-nâm-xiêê*.
Menton, *teman*.
Mer, *surmot*.
Mère, *mê*.
Merle, *chung-gló*.
Métier à tisser, *riém-tanh*.
Midi, *bây-nanh*.
Miel, *dar-xét*.
MOÏ, *TRAÕ*.
Moï, *hây*.
Moïs, *khây*.
Mon, *ei*.
Montagne, *pnem*.
Monter à l'échelle, *haó-gúng*.
Mordre, *cáp*.
Mortier à riz, *paal*.
Mouche, *ruoi*.
Moustique, *mó*.
Murier, *bay-sach*.

N

n =
ng = nasale gutturale : quôc ngü' *ng*.
n = quôc ugü *nh* dans *nhatrang*.
n =

Nàgeoire, *kmor-ca*.
Natte, *déng*.
Neveu, *sau*.
Nez, *meô*.
Nid, *sum-bai*.
Nièce, *sau-du-urre*.
Noix d'arec, *play-xala*.

Noix de coco, *play-dung*.
Nombril, *péte*.
Non, *man*.
Nord, *moc-tóm-dar*
Nuage, *méc*.
Nuit, *man-nghé*.

O

o =
ó = o fermé, fr. *fantôme*.
ò = o ouvert, fr. *or*.
ó = *eu* fermé : fr. *dieux*.
ò = *eu* ouvert : fr. *neuf*.
ò = *eu* très ouvert.

OEil, *pmat*.
OEuf, *tap*.
OEuf de poule, *tap-hire*.
OEuf de canne, *tape-dàa*.
Oignon, *dim*.
Oiseau, *o'tè*.
Oncle, *màr*.
Ongle, *nia*.
Or, *mai*.
Oreille, *tor*.

Oreiller, *knói*.
Organes sexuels-homme, *chô*.
Organes sexuels-femme, *saaï*.
Orient, *mar-kót*.
Orteil, *may-jian*.
Os, *ting*.
Oublier, *tan-trói*.
Ouest, *mar-ti*.
Oui, *eú-ne*.
Ours, *xa-càu*.

P

p =
ph= *p* + aspiration (jamais *f*).
p =

Paddy, *bar*.
Pamplemoussier, *tróm búói*.

Pamplemousse, *play-búói*.
Pantalon, *khó*.

Panthère, *clar*.
Paon, *pé-brarque*.
Papier, *ca-dar*.
Papillon, *pay-gót*.
Parler, *la*.
Partager, *chêre*.
Patate, *bum*.
Peau, *xa-pêk*.
Père, *bàre*.
Perle, *plê-mai*.
Perruche, *tért*.
Petit, *bay*.
Petit-fils, *saú-laù*.
Petite-fille, *saù-saù*.
Peu, *húite*.
Pied, *jïam*.
Pierre, *eh-maù*.
Pigeon, *tó-pe*.
Piler, *pê-bar*.
Pilon, *nay*.

Piment, *play-mlat*.
Pinceau, *xa-piên*.
Pipe, *pále*.
Plaine, *tranh*.
Plomb, *nghê*.
Pluie, *mi*.
Plume, *pnop-bai*.
Poils, *xa-nguar*.
Poinçon à écrire, *ngoi-xà-piên*.
Poisson, *cà*.
Poitrine, *nu*.
Poivre, *mach-vare*.
Poivrier, *mach-vare*.
Pondre, *tap-er*.
Porc, *seurre*.
Porte, *lö-bön*.
Poule, *hyre-mé*.
Poulet, *hyre*.
Poussière, *pui*.

Q

q =

Queue de chien, *téain-sò*.
Qui, *ben-tao*.

Quoi, *chmón*.

R

r =

Racine, *ria*.
Radeau, *çá-bùn*.
Rame, *cheo*.
Rat, *pé-jol*.
Repiquer, *dung-har*.
Retourner, *bó*.
Rire, *gòm*.
Rivière, *srei*.

Riz, *pfè*.
Rizière, *raï*.
Rizière de montagne, *mil*.
Rotin, *rè*.
Roue, *con-ldè*.
Route, *tròn*.
Ruisseau, *dar-nghây*.

S

sh = français, *oh* dans *chat*.
s = s dur, fr. *sabot*.

Sable, *xate*.
Saison, *nám*.
Saison chaude (la), *nám-bâng*.
Saison froide (la), *nám-tan-sach*.
Saison des pluies (la), *nám-ác*.
Sáng, *ham*.
Sanglier, *chirk-ké*.
S'appeler (se nommer), *keu*.
S'asseoir, *góc*.
S'habiller, *suc-khó*.
Scie, *ca-naner*.
Se déshabiller, *pluo-khó*.
Se coucher, *bick*.
Se lever, *tao*.
Sel, *bó*.
Semaine, *chá-bach-cá-nap*.

Semer le riz, *senaï (ou bastil)*.
Serpent, *bê*.
Singe, *pê-duc*.
Sœur, *iême*.
Sœur aînée, *ró*.
Sœur cadette, *áh-urre*.
Soie, *breil*.
Soleil (le), *náre*.
Soleil (le) se lève, *náre-kót*.
Soleil (le) se couche, *náre-ti*.
Soleil très chaud, *tanh-náre-nê*.
Souliers, *nam-jián*.
Sourcil, *chó-mat*.
Sucre de palme, *sá-core*.
Sud, *mar-chuong-dar*.
Sueur, *ba-hal*.

T

t =
th = t + aspiration.

Tabac, *bó-cáo*.
Table, *xá-mán*.
Taureau, *gu-gmat*.
Terre (globe), *tê*.
Terre, *tiné*.
Tête, *pbó*.
Thé, *tié*.
Tigre, *claar*.
Tirer un coup de fusil, *panh*.
Tisser, *tanh-bai-ray*.
Toi, *mây*.
Toit, *thiên-da*.
Toit de maison, *bócó-nhi*.
Tonnerre, *tare*.

Torche, *lô-póc*.
Tortue de terre, *mnúng*.
Tortue d'eau douce, *mnúng-canh*.
Tourterelle, *pê-top*.
Tout le monde, *lê-bol*.
Travailler, *bó-bú*.
Très-bon, *cagèmót*.
Très grand, *ti-gèmót*.
Trompe d'éléphant, *con-ti-rouet*.
Tronc, *tam-jú*.
Turban, *ca-nách*.

U

u' = qôc-ngü *u'*, intermédiaire entre les sons fr. *eu* et *u*.
u = *u* allemand, *ou* français.
u̇ = *u* français.

Urine, *dar-nóm*.

V

w = *w* anglais, *ou* français.
v = *v* français.

Vache, *pépé*.
Vendre, *tátte*.
Venir, *sich*.
Vent, *chàle*.
Vent (beaucoup de vent), *chàle-óc-mê*.
Ventre, *dóle*.
Veste, *aó*.
Viande, *bay*.
Vieillard, *xa-diên-chê*.
Vieille, *barn-dê*.

Vieux, *chiê*.
Village, *uaan*.
Vin, *bé*.
Visage, *mó-mat*
Vite, *úaille*.
Voir, *riing*.
Voiture, *doc-sach*.
Voler, *bar*.
Voleur, *coman*.
Vouloir, *cháp-bó*.

VOCABULAIRE MOÏ

RECUEIL DE QUELQUES PHRASES USUELLES

Apporte du bois pour faire du feu.
Máy böil lang góc úgne xa.
Comment t'appelles-tu?
Máy dói chón?
Combien d'années?
Böl oc ti nám?
Deux années.
Bar ti nàm.
Combien veux-tu de bols de sel?
Máy it bó bal tingal?

Combien as-tu de femmes?
  Moi, une. — *Mây xaï ból óc. Hay xaï múé.*
Content d'avoir fini déjà. — *Lê châtte hoi.*
Couvrir la maison. — *Prórk nhi.*
Dire la vérité. — *Là ngánh.*
Il a plu jusqu'au malin. — *Mi dal xa lang.*
Il a plu jusqu'à la nuit. — *Mi dal mang.*
Je donne à tout le monde. — *Hây tàm chisrck lê bó.*
Je donne à toi seul. — *Hây an mù mây hoi.*
Monsieur te dit d'aller voir là-
  bas le chemin qui mène à la
  montagne. — *Ong mi xaan mây hanh ti taó ba trón y hanh pneme.*
N'avoir peur de rien. — *Không hè gì.*
Où vas-tu? — *Mây hath tá ná?*
Partager entre tout le monde. — *Chêre lê bó.*
Qu'est-ce qu'il y a? — *Bay chón?*
Que fais-tu? — *Mây bó chón?*
Que regardes-tu? — *Mây nhién chón?*
Tourner la figure. — *Breil hmat tóaò.*
Tourner le dos. — *Breil kóil toxó.*
Tu viendras demain travailler
  à la maison. — *Mây r-úille bó bú nhi.*
Va maintenant. — *Hanh mây lú aò.*
Va me chercher du tabac. — *Mây hanh bóil bócaò ba hay.*
Va puiser de l'eau. — *Máytranh gól dár.*
Va prendre le bol. — *Mây hanh boil tugal.*
Va te baigner dans l'eau. — *Mây hanh ùm dar.*

NUMÉRATION

Un, *mué.*
Deux, *bar.*
Trois, *peil.*
Quatre, *póóne.*
Cinq, *prain.*
Six, *praò.*
Sept, *pò.*
Huit, *pham.*
Neuf, *sin.*
Dix, *dió-mót.*

Onze, *dió-mué.*
Douze, *dio-mai-bar.*
Seize, *vi-mach-băn.*
Vingt, *bar-cate.*
Cent, *diriing.*
Deux cents, *bar riing.*
Mille, *di múnh.*
Dix mille, *di cò.*
Cent mille, *di-láane.*

APPENDICE BIBLIOGRAPHIQUE

VOCABULAIRE MOÏ (Région de Baria)

recueilli en 1880

par le docteur P. NÉIS

Homme	*Cloh*	Fer	*Losh*
Femme	*Hurh*	Sapèque	*Giên*
Enfant	*Concerr*	Ciel	*Tro*
Tète	*Combo*	Annamite	*Nûan*
OEil	*Mat*	Moï	*Tráo*
Bouche	*Mung*	Tigre	*Vâaol*
Nez	*Móh*	Éléphant	*Roaïs*
Oreille	*Toor*	Rhinocéros	*Rhmih*
Bras	*Tei*	Cerf	*Iun*
Main	*Bang-tei*	Buffle	*Bú*
Jambe	*Diong*	Bœuf	*Brrú*
Pied	*Bang-Diong*	Poulet	*Ierrn*
Dent	*Shèk*	Porc	*Shirn*
Langue	*Pret*	Sanglier	*Chatié*
Eau	*Da*	S'appeler, se	
Feu	*Hung*	nommer	*Keu*
Parler	*Tih*	Tuer	*Bau-kil*
Marcher	*Sah*	Paon	*Brah*

Dr P. NÉIS.

Chien	*Shó*	Moi	*Ang*
Maison	*Gui*	Toi	*Mai*
Riz	*Péh*	Lui	*Bou*
Eau-de-vie de riz	*Clak*	Oui	*Eu*
Vin de riz moi	*Thé*	Non	*Langhet*
Viande	*Gan*	Manger	*Shah*
Pluie	*Mmi*	Boire	*Ut*
Montagne	*Gúm*		
Arc	*Hà*	Un	*Mui*
Flèche	*Kam*	Deux	*Paré*
Arbre	*Thó*	Trois	*Pair*
Forêt	*Longo*	Quatre	*Boan*
Bambou	*Thla*	Cinq	*Pram*
Grand	*Màh*	Six	*Prao*
Petit	*Bay*	Sept	*Poh*
Ami	*Top-arh*	Huit	*Pahm*
Ennemi	*Nhorn*	Neuf	*Shin*
Vieux	*Cloh*	Dix	*Ti-mot*
Malade	*Di-rong*	Onze	*Ti-mo-mui*
Gauche	*Giao*	Vingt	*Fare-ghet ou*
Droite	*Ma*		*fare-iet*
En avant	*Boh*	Trente	*Pair-iet*
Vite	*Xroh*	Cent	*Dou-rien*
Doucement	*Rrú*		

Dr P. NÉIS.

VOCABULAIRE MOÏ

recueilli en 1882

par le lieutenant A. GAUTIER

Aller	*Anc*
Appeler, désigner	*La*
Attraper du poisson	*Caa lup*
Avoir faim	*Dasiouon pyan ou siouon pyan*
Bambou	*Rsu*
Banane	*Pépèrit*
Bœuf	*Gó*
Boire	*Niet*
Bon	*Ca*
Bouteille	*Doop*
Buffle	*Kirpu*
Cadeau	*Daeï*
Caïman	*Kerbeŭe (eŭe trés rude)*
Canard	*Daa*
Capsules	*Loth*
Cerf	*Pé-djioune*
Chemin	*Catruon ou truon*
Chevreuil	*Pejuil*

Lieutenant A. GAUTIER.

Ciseaux	*Klray*
Cochon	*Surre (u se rapprochant de eu)*
Couper, séparer	*Sraï*
Cuisse	*Blou*
Dattier	*Lore*
Demain	*Ouille*
Dormir	*Bit*
Éléphant	*Rouet*
Être debout	*Tayoon*
Faire une maison	*Ron gniie*
Femelle	*Ban (le son an se rapproche toujours un peu de ain)*
Femme	*Hour*
Feu	*Ougne*
Feuille	*La*
Fièvre	*Taigne*
Fil de cuivre	*Conrout*
Fils	*Kóne*
Forêt	*Brie*
Fouine	*Pègne py*

Le mot *pègne ou pé* précède les noms d'animaux. On le supprime très souvent. Il ne s'emploie jamais devant homme ou femme. C'est un article.

Fourchette, cuiller	*Hueke*
Frère aîné	*Ayanne*

Lieutenant A. GAUTIER.

Fumer	*Djoc*
Grand	*Ti*
Grande hotte	*Scha*
Guêpe, mouche à miel	*Moet*
Homme	*Slaó*
Hotte moyenne	*Schorre*
Il y en a, c'est possible	*Eune (guttural) c'est le có des Annamites*
Letchi	*Plaitcheou*
Maison	*Gniie*
Mal de tête	*Guibolk*
Mâle	*Quan*
Manger du riz « en dehors de son repas »	*Saa pyan*
Manguier	*Souail*
Mollet	*Poaï*
Mon, de moi	*Eï*
Mordre	*Cap*
Non	*Poune*
OEuf de poule	*Tap hyre*
Organes sexuels de la femme	*Saaï*
Organes sexuels de l'homme	*Clao*

Ces mots se prennent souvent dans le sens, d'homme et
de femme.

Oui	*Doc*

Lieutenant A. GAUTIER.

Paon	*Pé-bras*
Petite hotte	*Kenot*
Petit fil de cuivre	*Silhouet*
Pieds	*Diano*
Pierre à aiguiser	*Tomaó*
Pierre rouge	*Otay*
Pipe	*Pâle*
Piqué par les guêpes	*Moet cap*
Piqué (par des épines)	*Aban*
Plaine, clairière	*Traigne*
Plomb de chasse, graines	*Grappe*
Pluie	*Mie*
Poudre de chasse	*Ksiou*
Poulet domestique	*Hyre pas*
Poulet sauvage	*Hyre brie*
Prendre	*Lap*
Préparer le repas	*Gomme pyan*
Rivière	*Dare*
Riz	*Pyan*
Sanglier	*Kreil*
S'asseoir	*Góc*
Sel	*Bach (très aspiré)*
S'en aller	*Setpó*
Souliers	*Pédiano*

Lieutenant A. GAUTIER.

Tabac	*B aò*
Tonnerre, Tigre	*Cla*
Tourterelle	*Toop*
Très bon	*Cagemot*
Très grand	*Tigemot*
Vent	*Thial*
Vin	*Bi*
Voleur, pillard	*Coman*

Pour désigner un animal sauvage, on fait suivre le nom du mot *brie* (forèt); par contre, l'animal domestique est désigné par le mot *pás* (très long et un peu sourd).

Gemot, à la suite d'un adjectif, indique le superlatif.

1	*Mouet*
2	*Bar*
3	*Peil*
4	*Pouane*
5	*Pram*
6	*Prao*
7	*Po*
8	*P-ham*
9	*Sin*
10	*Diemot*
11	*Diemot mouet*
12	*Diemot bar*

Lieutenant A. GAUTIER.

13	*Diemot peil*
14 et ainsi de suite	*Diemot pouane*
20	*Bar dieût*
21	*Bar dieût mouet*
22 et ainsi de suite	*Bar dieût bar*
30	*Peil dieût*
31	*Peil dieût mouet*
32 et ainsi de suite	*Peil dieût bar*
40	*Pouâne dieût*
41	*Pouâne dieût mouet*
. 42 et ainsi de suite	*Pouâne dieût bar*

Les autres nombres se forment de la même façon jusqu'à 99.

Lieutenant A. GAUTIER.

ANTHROPOLOGIE

OBSERVATIONS ANTHROPOLOGIQUES

(RÉGION DE BARIA)

RECUEILLIES EN 1880

PAR

LE DOCTEUR P. NÉIS

« Les forêts sont habitées par une population clairsemée,
« qui, bien qu'enclavée dans le territoire annamite, diffère tota-
« lement de ce peuple au point de vue physique et intellectuel,
« au point de vue de la structure du corps comme au point de
« vue des mœurs, habitudes et langage.

« Nous ne chercherons pas à déterminer à quelle race on
« peut rattacher les Moïs ou Traō; s'ils ressemblent, comme on
« l'a avancé, aux habitants du centre des îles de Java et de
« Sumatra; s'ils se rapprochent plutôt des négritos des montagnes
« de Ceylan ou des indigènes des îles Andaman. Nous manquons
« en ce moment et des connaissances et des ressources biblio-
« graphiques nécessaires pour entreprendre cette étude. Notre
« seul but a été d'amasser les matériaux pour rendre possible
« la solution de ce problème à des savants plus compétents
« et mieux placés pour une étude synthétique.

« Nous avons choisi quarante-trois mesures, qui nous ont
« paru à la fois les plus importantes et les plus faciles à prendre.

« On peut, avec elles, calculer facilement la plupart des
« moyennes, angles et indices dont on se sert habituellement

« pour la comparaison des races entre elles. Pour rendre cette
« comparaison possible, nous commencerons par détailler minu-
« tieusement la marche que nous avons suivie, le mode opéra-
« toire que nous avons employé dans nos mensurations, et le
« degré d'exactitude que nous attribuons à chacune de ces
« mesures.

« Le sujet est adossé à une cloison verticale ou le plus sou-
« vent, à défaut de celle-ci, placé le long d'un poteau supportant
« une règle de deux mètres de hauteur, graduée en millimètres et
«placée bien verticalement, au moyen d'un fil à plomb. La tête
« est placée de façon que le centre du trou auditif et le point
« sous-nasal soient sur une ligne horizontale.

« Les mesures A, donnant les hauteurs au-dessus du sol,
« sont obtenues en faisant glisser une équerre le long de la règle
« graduée; elles ne présentent d'autres causes d'erreur que celles
« provenant de la détermination plus ou moins précise du point
« anatomique; elles peuvent être considérées comme exactes
« à un millimètre près pour la tête et à un demi-centimètre
« près pour le tronc.

« Les mesures B donnent la distance des différents points
« au plan postérieur. Elles ont été prises en plaçant le long de
« la règle une équerre graduée sur un côté horizontal et en faisant
« glisser sur celle-ci une petite équerre appliquée sur la première
« par son petit côté. L'occiput dépassait le plus souvent en
« avant ou en arrière le plan postérieur auquel nous rapportions
« les mesures; pour pouvoir les comparer, nous avons considéré
« la distance de la glabelle au plan postérieur comme égale au
« plus grand diamètre du crâne (que nous obtenons exactement
« par le compas d'épaisseur) moins un centimètre, et nous avons
« corrigé les autres mesures en ajoutant ou retranchant à celles-
« ci le nombre qu'il nous avait fallu ajouter ou retrancher à la
« mesure donnant la distance de la glabelle au plan postérieur.

« Malgré cela, à cause de l'indocilité des sujets et de la
« difficulté, dans ces conditions, de maintenir toujours dans un
« plan exactement parallèle au plan postérieur le rayon visuel
« passant par le bord vertical de la petite équerre et le point
« visé, nous ne donnons ces six mesures que sous toutes réserves,
« bien qu'elles aient été prises avec le plus grand soin et qu'elles
« nous aient coûté plus de travail et d'ennui que toutes les autres.

« Les mesures C et D, prises au compas d'épaisseur et au
« compas ordinaire, sont exactes à un demi-millimètre près;
« nous excepterons ces mesures 25 et 26, dans lesquelles l'erreur
« a pu aller jusqu'à un millimètre, à cause de la difficulté de
« maintenir l'une des branches du compas au centre du trou
« auditif.

« Les mesures E, prises au ruban métrique, sont assujetties
« aux erreurs inhérentes à ce genre de mensuration; nous ne
« les considérons que donnant une approximation d'un demi-
« centimètre pour la tête et d'un centimètre pour le tronc. A
« chaque mensuration, nous ajoutons le nom du village et de
« l'individu à qui elle appartient; l'âge n'a pu être donné qu'ap-
« proximativement, car aucun Moï ne sait quel est son âge. Les
« noms ont été écrits en qûoc-ngû par notre interprète.

« A la suite des moyennes générales, nous donnons les
« mesures suivantes que nous avons calculées sur les précédentes :
« 1º L'indice céphalique;
« 2º L'angle facial de Cloquet, prenant pour ligne horizon-
« tale la ligne allant du point alvéolaire au centre de la ligne
« bi-auriculaire, et, pour ligne verticale, celle passant par le
« point alvéolaire et la glabelle. Nous l'avons construit graphi-
« quement; on pourrait le calculer trigonométriquement;
« 3º Le rapport de la grande envergure à la taille égale 100;
« 4º Le rapport du tronc à la taille égale 100;
« 5º Le rapport des membres supérieurs aux membres infé-
« rieurs, abstraction faite de la main et du pied;
« 6º L'indice nasal transversal.

« Nous joignons à ces mesures : 1º une mèche de cheveux
« des quatre-vingts derniers individus que nous avons mesurés;
« ces cheveux proviennent presque toujours de la région tempo-
« rale; 2º trois crânes complets, moins le maxillaire inférieur, et
« une voûte de crâne; ils ont été recueillis par nous-mêmes dans
« un des lieux spéciaux (Nui-Ma) où les Moïs exposent les os
« de leurs morts après les avoir exhumés. (*Voir la suite au rap-
« port.*)

« Nous les avons étiquetés 1, 2, 3 et 4; les nᵒˢ 1 et 2 ont été
« pris dans des cercueils réservés aux os des notables; chacun
« provient d'un cercueil différent; le nº 3 a été pris dans un
« cercueil réservé aux os du peuple; le nº 4 a été ramassé non
« loin de là parmi un amas de débris d'ossements, marquant
« le lieu où ils plaçaient autrefois les os de leurs morts.

« A cet endroit, il ne restait plus de trace des cercueils
« tombés en poussière. Cette coutume de l'exhumation des morts
« après un certain temps d'inhumation ne se retrouvant chez
« aucun des peuples limitrophes, nous avons lieu de croire à
« l'authenticité certaine de ces crânes.

« Les Moïs peuvent être rangés parmi les races dont la
« taille est la plus petite; ils viennent à peine avant les Lapons.
« La teinte de leur peau est plus foncée que celle des Anna-
« mites, elle se rapproche plutôt de celle des Cambodgiens; on
« n'y aperçoit jamais aucune trace de tatouage. Le système

« pileux, peu développé, l'est cependant plus que dans la race
« jaune; les cheveux, toujours noirs, sont ondulés et quelquefois
« frisés; la barbe, parfois très fournie à la lèvre et au menton,
« manque sur les parties latérales de la face. Les Moïs rasent ou
« coupent au ciseau leur barbe sur la partie médiane de la lèvre
« supérieure, laissant pousser les côtés de la moustache.

    « Le crâne est dolichocéphale, légèrement scaphocéphale
« dans les quatre crânes que nous avons recueillis; il ne subit pas
« dans l'enfance de déformation artificielle. La face a un pro-
« gnathisme très prononcé, et cela donne à ce peuple un aspect
« farouche qui ne répond pas à son caractère doux et craintif.
« Le front est étroit, les pommettes un peu saillantes. Les yeux
« sont foncés; les paupières, bien fendues, sont horizontales
« et ne sont pas bridées à leur angle interne; le nez est très
« épaté, la bouche largement fendue, les lèvres épaisses, les
« dents, grandes et bien plantées, sont noircies par l'usage du
« bétel, mais les caries dentaires nous ont paru assez rares.

    « Les muscles sont peu développés, ils ne sont pas saillants
« sous la peau. Chez les femmes, les seins, d'une grosseur
« moyenne, sont coniques; ils se flétrissent rapidement, mais sans
« prendre jamais cet allongement exagéré que l'on retrouve
« dans plusieurs races nègres dès que la femme a rempli ses fonc-
« tions maternelles. Ils ont les attaches fines; le pied est long,
« les orteils écartés, comme chez tous les peuples qui marchent
« pieds nus; le deuxième orteil dépasse ordinairement le pre-
« mier.

    « Nous ne pouvons avoir que des notions vagues sur la
« durée de la vie chez des gens qui ignorent toujours leur âge,
« mais nous avons vu peu de vieillards. Les femmes ont rare-
« ment plus de trois ou quatre enfants; on nous a cité deux
« familles dans tout le pays, dont l'une avait dix et l'autre douze
« enfants; et encore n'y avait-il que trois ou quatre survivants
« dans chacune d'elles. Les femmes accouchent aidées par des
« matrones; elles reprennent leurs occupations trois ou quatre
« jours après l'accouchement. »

Dr P. NÉIS.

MOYENNES

		HOMMES	FEMMES	MOYENNES
A — Mesures prises par la règle graduée et l'équerre	1 Hauteur au-dessus du sol, du vertex.	1555	1462	1508
	2 — de la glabelle	1503	1414	1458
	3 — du point nasal	1487	1400	1443
	4 — du point sous-nasal et auriculaire	1456	1372	1418
	5 — du point alvéolaire	1446	1358	1402
	6 — du point mentonnier	1381	1312	1346
	7 — de l'acromion	1275	1200	1237
	8 — de l'épicondyle	1002	963	982
	9 — de l'apophyse styloïde du radius	756	734	745
	10 — de l'extrémité du médius	586	573	579
	11 — de l'épine iliaque antéro-supérieure	899	848	873
	12 — du centre de la rotule	446	422	434
	13 — de la malléole	48	46	47
B — Mesures prises par la méthode des équerres	14 Distance au plan postérieur de la pointe du nez	185	173	179
	15 — de la glabelle	175	165	170
	16 — du point alvéolaire supérieur	176	170	173
	17 — du point nasal	170	163	166
	18 — du menton	161	156	158
	19 — du trou auriculaire	86	83	84
C — Mesures prises au compas d'épaisseur	20 Diamètres antéro-postérieurs maximum du crâne	184	175	179
	21 — transversal maximum	144	137	140
	22 — bi-zygomatique	131	125	128
	23 — frontal minimum	110	104	107
	24 — bi-auriculaire	132	128	130
	25 — auriculo-glabellaire	120	114	117
	26 — auriculo-mentonnier	131	122	126
D — Mesures prises au compas ordinaire	27 Distance de la glabelle au point alvéolaire	80	73	76
	28 Longueur de la bouche	52	51	51
	29 — de l'œil	33	32	32
	30 Hauteur de l'œil	23	19	21
	31 Longueur du nez	40	38	39

Dʳ P. NÉIS.

MOYENNES (*Suite*)

	HOMMES	FEMMES	MOYENNES
32 Distance de l'apophyse proéminente au coccyx	392	349	370
33 — d'un acromion à l'autre....	565	518	541
34 Longueur du pied	251	225	238
35 Circonférence de la poitrine.........	634	768	801
36 — de la taille...........	697	648	672
37 — du bassin...........	756	759	757
38 — du bras...............	243	213	228
39 — de la partie moyenne de la cuisse.........	427	400	413
40 — du mollet.............	323	288	305
41 — de la cheville........	198	180	189
42 — de la tête.............	546	519	532
43 Grande envergure....................	1644	1516	1580

(E — Mesures prises au ruban métrique)

	HOMMES		FEMMES		MOYENNES	
Indice céphalique.........................	69°30		70°50		70°10	
Angle facial de Cloquet.......	78	26	78	28	78	27
Rapport de la grande envergure à la taille.	103	7	104	7	104	2
Rapport du tronc à la taille = 100........	25	2	23	8	24	5
Rapport des membres supérieurs aux membres inférieurs, en supprimant le pied et la main	65	4	62	1	63	7
Indice nasal transversal...................	129	0	135	0	132	»

Dr **P. NÉIS.**

CINQUIÈME PARTIE

I

CONCLUSION

> Il ne faut pas s'arrêter aux seuls grands événements; après avoir frappé l'imagination, ils perdent la valeur que l'actualité seule leur donnait.
>
> Au contraire, les petits qu'on serait tenté de laisser passer inaperçus ont leur importance car, molécules qui roulent et s'agglomèrent, ils préparent les futurs grands événements dont l'importance sera plus profitable à l'homme, s'il a su les prévoir.

La région reconnue est riche et les voies de communication naturelles existant, Song-Bé et Dong-Naï, il suffira d'un réseau de routes facile à établir pour la mettre en exploitation.

**

Le Moï est malléable, son éducation première devra être assurée par une organisation autonome. Pour le

soustraire au contact déprimant des populations frontière, pour permettre à l'éducation qu'on lui donnera
de ne pas être battue en brèche par les dites populations, il faut provisoirement que l'accès du pays moï soit
rigoureusement interdit (1).

Pour continuer la reconnaissance de l'hinterland Moï
il faudra se pénétrer de ces deux vérités :

Il faut emporter des vivres.

Il faut ouvrir la route devant soi et faire porter SUR
CHARRETTES *vivres et bagages.*

___

(1) L'indigène étranger à la région devra pour y pénétrer être muni
d'un laissez-passer délivré par une autorité française. Cette mesure
est appliquée au Laos.

II

Saïgon, le 26 octobre 1904.

*Le Lieutenant gouverneur de la Cochinchine, officier
de la Légion d'honneur,
à M. Paul Patté, chargé de Mission.*

« Monsieur,

« Vous m'avez manifesté le désir, avant votre départ
pour la France, de recevoir un témoignage écrit de vos
bons services au cours de la Mission dont vous avez été
chargé, sur ma proposition dans l'hinterland Moï.

« J'accède bien volontiers à votre désir, et je reconnais
que vous avez fait preuve, au milieu des difficultés très
réelles de votre exploration, d'un zèle éclairé et d'une
activité intelligente.

« C'est bien d'ailleurs aussi ce que me semble avoir
reconnu l'autorité militaire qui, à votre départ, m'a demandé communication de vos plans et itinéraires.

« Recevez, etc.

Signé : RODIER.

III

RÉFLEXIONS

« Le moment serait venu de s'occuper des Moïs... Notre système, centralité à outrance, néglige trop les extrémités, qui suivent comme elles peuvent le mouvement du centre, ou, ne pouvant s'y conformer, s'en détachent de fait et restent immobiles dans leurs forêts. »

NOUET,
Administrateur des affaires indigènes.

Avril-mai 1882.

*
* *

« La tâche ardue et méritoire de porter notre influence sur les hauts plateaux du Laos incombe à la Cochinchine... Elle est toute désignée pour l'entreprendre et pour recueillir l'honneur et les premiers fruits de cette extension de nos relations.

« La vallée du Dong-Naï, le cours du Là-Ngà lui ouvrent un premier débouché dans une région dont les habitants moïs nous sont sympathiques, chez des populations qui seraient heureuses *d'échapper aux exactions des petits mandarins annamites* et d'entretenir avec nous, sous la réserve expresse de leur liberté et de leur indépendance, des relations suivies. »

E. NAVELLE,
Administrateur des affaires indigènes.

Décembre 1884-Janvier 1885.

ORCHESTRE DE GONGS

**
*

« *L'accès du pays moï doit être rigoureusement interdit.*

« Importance politique de cette mesure prohibitive. »

Brière,
Administrateur des affaires indigènes.

Année 1889.

**

A 150 kilomètres de Saïgon existent encore des populations indépendantes et chez lesquelles on n'a pu pénétrer...

S. C.

Année 1904.

**

La parole du Moï est sûre, on peut s'y fier.

**

« Le Moï est menteur. » — J'affirme que non.

**

Phénomène curieux : la peste bovine peut atteindre l'Hinterland sans sévir en Cochinchine.

**

J'ai appris chez les Moïs ce que signifient réellement :

LIBERTÉ, ÉGALITÉ, FRATERNITÉ

Qui sont chez nous de nobles aspirations.
Chez eux des faits.

Le Moï est superstitieux.

Je lui ai vu, il est vrai, offrir un foie de coq au Génie de la Montagne... Mais je l'ai vu, par contre, travailler un Vendredi 13.

Se rappeler la belle définition du despotisme donnée par Montesquieu :

« Comme le sauvage, il coupe l'arbre par le pied pour en avoir les fruits... »

L'homme appelé *sauvage* coupe l'arbre pour avoir les fruits, mais les arbres foisonnent et il sait laisser debout la *Liberté* qui n'est qu'une.

Saïgon, 8 février 1905.

PAUL PATTÉ.

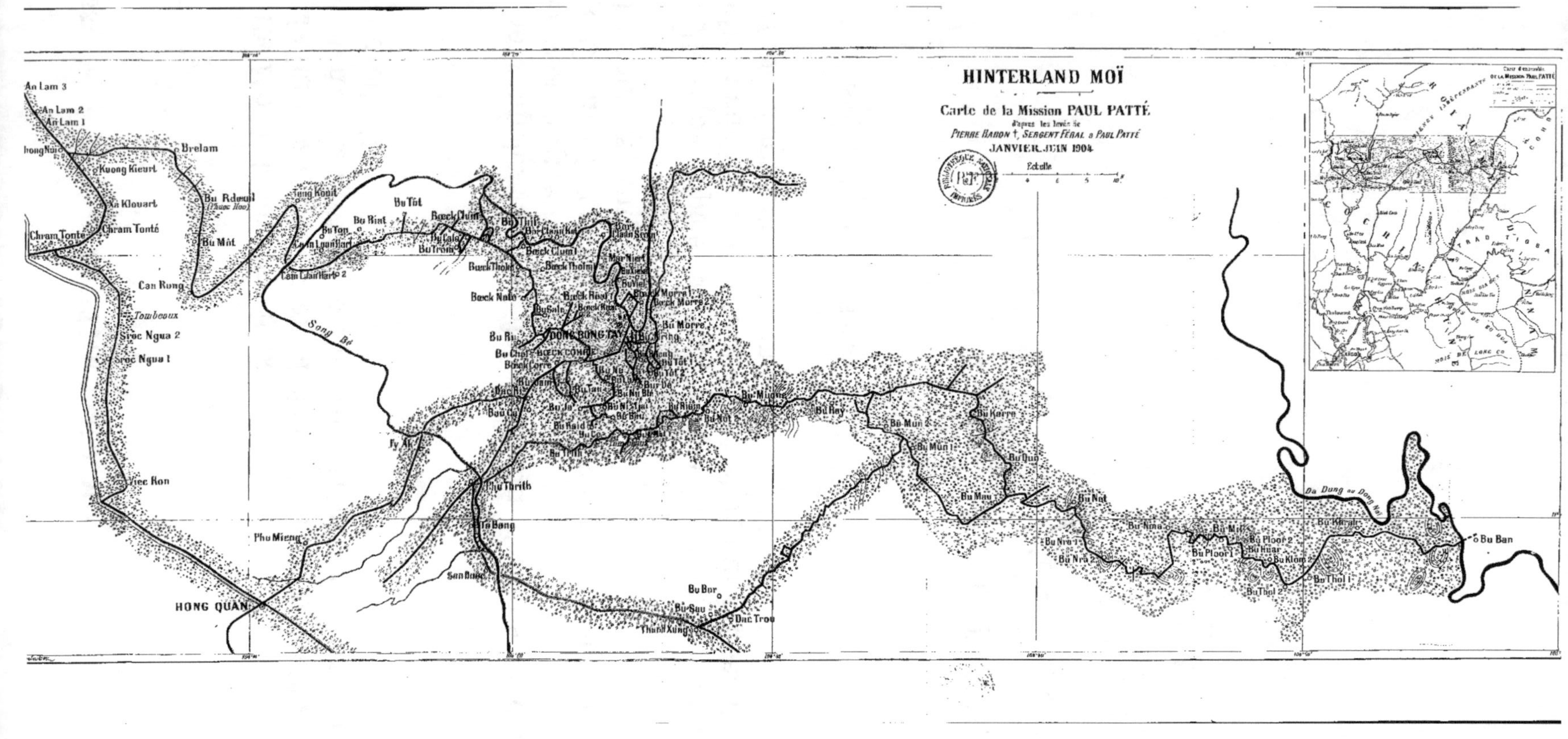

HINTERLAND MOÏ
Carte de la Mission PAUL PATTÉ
d'après les levés de
PIERRE BABON †, SERGENT FÉRAL & PAUL PATTÉ
JANVIER-JUIN 1904
Échelle
HONG QUAN
An Lam 3
An Lam 2
An Lam 1
hong Nui
Brelam
Kuong Kieurt
An Klouart
Bu Rdeuil (Buoc Hou)
Chram Tonté
Chram Tonté
Bu Môt
Can Rong
Tombeaux
Sroc Ngua 2
Sroc Ngua 1
Song Bé
Tang Konit
Bu Ton
Cam Lnan Harl
Cam Lnan Harlo 2
Bu Tôt
Bu Rint
Bu Calai
Bu Troi
Baeck Clum
Bac Clan Kat
Bu Thih
Baeck Clum
Baeck Tholm
Baeck Tholm
Mau Niet
Baeck Nato
Baeck Haoi
Bu Sato
Bu Viet
Bu Morre
Baeck Morre 2
Bu Ri
Bu Morre
DONG BONG TAY
Bu Chap
Baeck COMP
Baeck Corr
Bu Tan
Bu Tôt 2
Bu Bu
Bu Ta
Bu Nu Bu
Bu Raid
Bu Bu
Bu Rion
Bu Miong
Bu Nat
Bu Hay
Bu Mun 2
Bu Karre
Bou Cu
Bu Thih
Bu Mun 1
Bu Quo
Ty Ah
Bu Mau
Bu Nat
Viec Kon
Phu Thrith
Bu Kno
Bu Nro 1
Bu Mi
Bu Ploor 2
Bu Haralc
Phu Mieng
Bu Bong
Bu Ploor 1
Bu Huar
Bu Nro
Bu Klom 2
o Bu Ban
San Bueh
Bu Thol 2
Bu Thol 1
Bu Bor
Bu Suu
Dac Trou
Thanh Xung
Da Dung ou Dong Nai

TABLE DES MATIÈRES

Introduction par le général F. Canonge.   i

Préface par le colonel Adam de Villiers.   v

PREMIÈRE PARTIE

DE SAÏGON AU SONG-BÉ

Chapitre I. — Préliminaires.   1
   —   II. — De Saïgon à Hon-Quan   30
              Cantons Moïs annexés à l'arrondissement de
              Thudaumot.   31
   — III. — Du Song-Bé à Boek-Corre.   51
   —   IV. — De Boek-Corre à Hon-Quan   70
              Hon-Quan (séjour). — Chon-Tanh.   73

DEUXIÈME PARTIE

MARCHE DE LA YUMBRA

(Itinéraire et description générale du pays.)

Chapitre I. — D'Hon-Quan à Phu-Trith   75
              Du Song-Bé à Boek-Corre.   78
   —   II. — Boek-Corre. — La Yumbra.   81
   — III. — Dong-Bong-Tay.   118
   —   IV. — De Dong-Bong-Tay à Phu-Trith.   170
   —   V. — A la mémoire de Pierre Baron.   173

TROISIÈME PARTIE

MARCHE DU SÉ-SÉ

(Itinéraire et journal de marche.)

CHAPITRE I. — De Phu-Trith au Da-Dung. 179
— II. — Au Da-Dung. 188
— III. — Du Da-Dung à Thanh-Xung 195
— IV. — De Thanh-Xung à Saïgon 201

QUATRIÈME PARTIE

CHAPITRE I. — Sol. Climat. 205
— II. — Population. Habitations. Mœurs. 207
— III. — Productions. Agriculture. Industrie. 216
— IV. — Commerce. 222
— V. — Voies de communication. 225
— VI. — Dictionnaire moï. 226
Vocabulaire moï. 235

APPENDICE BIBLIOGRAPHIQUE

VOCABULAIRES MOÏS 239
ANTHROPOLOGIE 247

CINQUIÈME PARTIE

I. — CONCLUSION. 253
II. — EPILOGUE. 255
III. — RÉFLEXIONS 256

SIXIÈME PARTIE

Carte d'ensemble. Itinéraire de la Mission.

TABLE DES GRAVURES

Xé, deuxième interprète Moï. — Lé-van-Chan, canonnier
   porte-fanion. — Haï, maître-queux de la mission.   Frontispice.
Moïs tirant à l'arc.. 32
Au pied de la Yumbra, halte. — A Tong-Kuit................. 48
La Smala. * *Cliché de M. Guénot*............................... 50
Bu-Ton. — Nghüorte en costume moï et en costume annamite.
   * *Cliché de M. Guénot*... 52
Bu-Ton. — Nghüorte et ses hommes. * *Cliché de M. Guénot*.. 56
Campement du ray de Boek-Clum. * *Cliché de M. Guénot*..... 62
Bô-Tranh-Kô. * *Cliché de M. Guénot*........................... 66
Boek-Corre. — Notre campement................................. 82
Le camp en construction. — « Je rive le collier »............. 88
Boek-Corre. — Femmes et enfants............................... 104
Dong-Bong-Tay. — Le camp...................................... 118
Le Song-Bé. — Radeau pour reconnaître la rivière en aval... 128
Dong-Bong-Tay. — Notre palais.................................. 162
Le Song-Bé. — Chute de Dong-Bong-Tay......................... 164
Un tombeau. — Irap labourant son ray au pied de la Yum-
   bra.. 178
Moïs. — Région du Sé-Sé... 192
Le sergent Féral.. 204
Moïs et Moïettes.. 208
Orchestre de gongs. ⊙ *Cliché Planté*........................... 256

PARIS

TYPOGRAPHIE PLON-NOURRIT ET Cie

Rue Garancière, 8

www.ingramcontent.com/pod-product-compliance
Lightning Source LLC
Chambersburg PA
CBHW051235050726
47594CB00001B/169